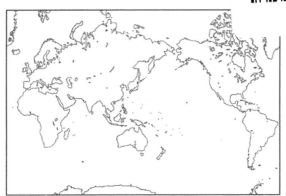

（1）世界を六つの大陸に分けると、ユーラシア大陸、アフリカ大陸、
　　 北アメリカ大陸、南アメリカ大陸、南極大陸、（　　　）大陸である。

（2）（1）のうち最も面積の大きい大陸は（　　　）大陸である。

（3）世界を六つの州に分けると、アジア州、アフリカ州、ヨーロッパ州、
　　 北アメリカ州、南アメリカ州、（　　　）州に区分される。

（4）（3）の州のうち、最も人口が多い州はどの州か。

（5）アジア州を5つの地域に分けると、東アジア、東南アジア、南アジ
　　 ア、中央アジア、（　　　）アジアである。

（6）（5）のうち、日本や中国はどの地域に含まれるか。

（7）イギリスのロンドンを通る経度0度の経線を何というか。

（8）日本の標準時子午線は、兵庫県（　ア　）市を通る東経（　イ　）度
　　 の経線である。

（9）経度15度ごとに（　ア　）時間の時差が生じ、ロンドン（経度0度）
　　 と東京（東経135度）の時差は（　イ　）時間である。

（10）ほぼ180度の経線に沿って引かれている（　　　）線をこえると
　　 日付が変わる。

| 1 |
| 2 |
| 3 |
| 4 |
| 5 |
| 6 |
| 7 |
| 8 ア |
| イ |
| 9 ア |
| イ |
| 10 |

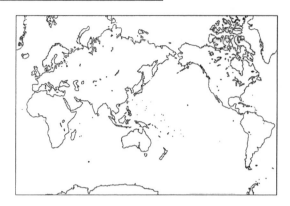
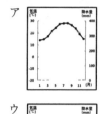
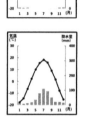
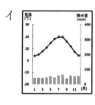

（1）地球の表面の陸地と海の面積比は、およそ（　：　）である。

（2）三大洋は面積の大きい順に（　ア　）、（　イ　）、（　ウ　）である。

（3）・北アメリカ大陸の太平洋側には南北に走る（　ア　）山脈がある。
　　　・南アメリカ大陸の太平洋側には南北に走る（　イ　）山脈がある。
　　　・インドの北東部には（　ウ　）山脈がある。
　　　・ヨーロッパ南部には、スイス、イタリア、オーストリアの国境になっている（　エ　）山脈がある。

（4）・アフリカ大陸の（　ア　）川流域にエジプト文明が栄えた。
　　　・南アメリカ大陸には流域面積世界一の（　イ　）川がある。
　　　・中国で最も長い河川は（　ウ　）である。

（5）世界の気候帯は、熱帯、温帯、乾燥帯、寒帯、（　　　　）に分かれる。

（6）日本の大部分は（5）のうち、どの気候帯に含まれるか。

（7）上の雨温図のうち、乾燥帯の砂漠気候のグラフはア～エのどれか。

（8）上の雨温図のうち、温帯の西岸海洋性気候のグラフはア～エのどれか。

（9）温帯のうち、日本のように雨が多く、季節による気温や降水量の変化が多い気候を（　　　　）気候という。

（10）温帯のうち、夏に乾燥し、冬に降水量が多くなる地中海沿岸にみられる気候を（　　　　）気候という。

1	
2 ア	
イ	
ウ	
3 ア	
イ	
ウ	
エ	
4 ア	
イ	
ウ	
5	
6	
7	
8	
9	
10	

アジア

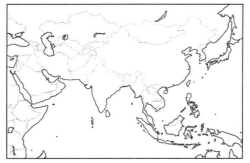

（1）中国の人口の約9割をしめる民族は（　ア　）族で、急速な人口の
　　　増加をおさえるために（　イ　）政策がとられていた。

（2）外国企業を誘致するために設けられた中国南部の沿海部にある地域
　　　を何というか。

（3）・東南アジアのフィリピンではおもに（　ア　）教が信仰されている。
　　　・インドの大多数の人々は（　イ　）教を信仰している。
　　　・西アジアの国々ではおもに（　ウ　）教が信仰されている。

（4）東南アジアの国々が加盟し、貿易や経済協力をしている地域協力機
　　　構を（　　　）という。

（5）マレーシアやインドネシアなどで見られる天然ゴムやコーヒーなど
　　　の特定の商品作物を大規模に栽培する大農園を何というか。

（6）東南アジアや南アジアで吹く、半年ごとに向きが変わり、人々の
　　　生活に大きな影響を与える風を何というか。

（7）インドで急速に発展している情報通信技術関連産業をアルファ
　　　ベットで（　　　）関連産業という。

（8）インドで栽培が盛んなア〜ウの農作物を、あとから選びなさい。
　　　　　ア　降水量が多い沿岸部やガンジス川下流域でおもに栽培。
　　　　　イ　インド中部のデカン高原でおもに栽培。
　　　　　ウ　スリランカやインド北東部のアッサム地方でおもに栽培。
　　　　　　　[小麦 , 米 , ジュート , 綿花 , 茶]

（9）西アジアの産油国を中心に結成されている石油輸出国機構をアルファ
　　　ベットの略称で（　　　）という。

1 ア	
イ	
2	
3 ア	
イ	
ウ	
4	
5	
6	
7	
8 ア	
イ	
ウ	
9	

合格・社会

アフリカ

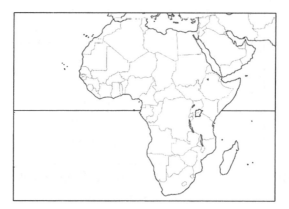

（1）アフリカには世界最大の（　　　）砂漠がある。

（2）赤道付近の熱帯林が広がる地域周辺で見られる、低い木がまばらに
　　　広がる草原を（　　　）という。

（3）アフリカの北部は（　ア　）教、南部は（　イ　）教を信仰している
　　　人が多い。

（4）アフリカでは、英語やフランス語など国によって公用語が異なる。
　　　これはかつてヨーロッパの（　　　）地であったためである。

（5）サハラ砂漠の南では耕作のしすぎや家畜の増加などで、土地が草も
　　　育たない（　　　）化が進んでいる。

（6）アフリカで産出されるコバルト、クロムなど、携帯電話などの機器
　　　の材料として使われる希少金属のことを（　　　）という。

（7）次の国の主な輸出品を、あとからそれぞれ選びなさい。

　　　①　ナイジェリア　　②　コートジボアール　　③　ボツワナ

　　　[　茶，カカオ豆，ダイヤモンド，原油，金　]

（8）アフリカの多くの国々は特定の農産物や鉱産資源の輸出にたよって
　　　いる。このような経済を何というか。

（9）2002年にアフリカの国々が地域統合を目指し結成した組織は何か。

1
2
3 ア
イ
4
5
6
7 ①
②
③
8
9

（1）ヨーロッパは日本より高緯度だが比較的温暖である。それは、
　　（　ア　）風と（　イ　）海流の影響である。

（2）ヨーロッパで日本の秋田県とほぼ同じ緯度にある国は、次のどれか。

　　　　［　イギリス , ドイツ , イタリア　］

（3）スカンディナビア半島の海岸線にみられる、氷河によってけずられ
　　てできた複雑な海岸地形を（　　　　）という。

（4）ライン川やドナウ川などのように複数の国を流れる河川を何という
　　か。

（5）ヨーロッパの人々の多くは（　　　　）教を信仰している。

（6）ヨーロッパの国々は、（　　　　）を基に使用する言語によって、
　　おおまかに分けられる。

（7）英語やドイツ語は何系の言語に分類されるか。次から選びなさい。
　　　　［　スラブ系 , ラテン系 , ゲルマン系　］

（8）イタリア語やスペイン語は何系の言語に分類されるか。（7）から
　　選びなさい。

（9）ロシア語やポーランド語は何系の言語に分類されるか。（7）から
　　選びなさい。

1 ア
イ
2
3
4
5
6
7
8
9

(10) 政治・経済的な結びつきを強めるための組織であるヨーロッパ連合の略称を何というか。

(11) (10)の共通通貨を何というか。

(12) EU 加盟国内では、（　　　　）なしで国境をこえて自由に移動でき、輸入品には関税がかからない。

(13) EU では、西ヨーロッパの国々と東ヨーロッパの国々の（　　　）格差の問題が顕著である。

(14) 地中海性気候の地中海沿岸の地域で盛んに栽培されている農作物を、次からすべて選びなさい。
　　　[　オリーブ，ジャガイモ，ぶどう，米　]

(15) EU 最大の農業国で、特に小麦の生産が盛んな国はどこか。

(16) 西ヨーロッパでは、医薬品などの高度な技術が必要な（　　　）産業が成長している。

(17) ヨーロッパの各国が技術協力して生産しているものは、次のどれか。
　　　[　船舶，航空機，高速バス　]

(18) ロシア中央部に広がる針葉樹林を何というか。

(19) ロシアから石油や天然ガスは（　　　　）によって、EU 諸国などに輸送される。

10
11
12
13
14
15
16
17
18
19

6

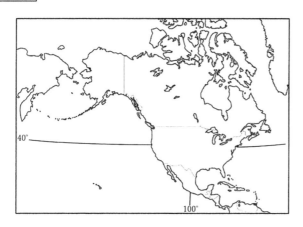

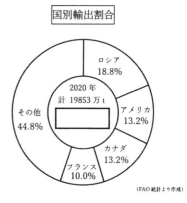

国別輸出割合

2020年
計 19853万t

ロシア
18.8%

アメリカ
13.2%

カナダ
13.2%

フランス
10.0%

その他
44.8%

(FAO統計より作成)

（1）北アメリカ大陸の西部から、ロッキー山脈→グレートプレーンズ
　　→（　ア　）→中央平原→（　イ　）山脈がある。

（2）北緯40度より南の地域では、西経100度を境に東側は（　ア　）
　　帯、西側は（　イ　）帯の気候である。

（3）アメリカ合衆国では作物を効率よく大量に作るために自然環境と社
　　会的な条件に対応した（　　　）の農業を行っている。

（4）グラフはある農産物の国別輸出割合である。どの農産物のグラフか、
　　次から選べ。　　　［米，小麦，とうもろこし，綿花］

（5）大西洋岸や五大湖周辺で盛んな農業は、酪農と放牧のどちらか。

（6）アメリカ合衆国南部では、繊維工業の原料である（　　　）が栽培
　　されている。

（7）サンフランシスコ郊外の先端技術産業が集中している地域を何と
　　いうか。

（8）北緯37度以南の航空・宇宙などのハイテク産業が集中している工業
　　地域を何とよぶか。

（9）アメリカ最大の都市で、国際連合の本部が置かれているのはどこか。

（10）メキシコや西インド諸島などからアメリカへ移り住んできた、スペ
　　イン語を話す人々を何というか。

1 ア	
イ	
2 ア	
イ	
3	
4	
5	
6	
7	
8	
9	
10	

南アメリカ

（1）アマゾン川流域に広がる熱帯林を何というか。

（2）ラプラタ川流域に広がる草原地帯を何というか。

（3）アンデス山脈には（　　　　）がつくったマチュピチュ遺跡がある。

（4）アマゾン川流域では、（　　　　）農業を行い、数年で別の場所へ移動
　　　し森林を守っている。

（5）ブラジルではさとうきびからつくる（　　　　）燃料の生産が盛んで
　　　ある。

（6）ブラジルやアルゼンチンで輸出用作物として盛んに栽培されている
　　　ものは、次のどれか。
　　　　　　［ オリーブ ， 茶 ， 大豆 ］

（7）ブラジルで工業化が進み、製造されているものは、次のどれか。
　　　　　　［ 印刷機 ， 船舶 ， 自動車 ］

（8）チリが世界有数の産出量である鉱産資源は、次のどれか。
　　　　　　［ 鉄鉱石 ， 石炭 ， 銅鉱石 ］

（9）ベネズエラの主な輸出品は、次のどれか。
　　　　　　［ 原油 ， 天然ガス ， 銅鉱石 ］

1
2
3
4
5
6
7
8
9

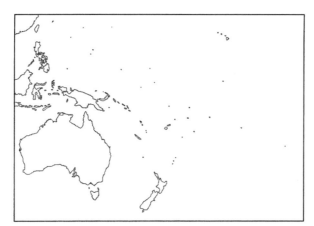

オセアニア

（1）オセアニア州は（　　　）大陸と太平洋の島々で構成される。

（2）オセアニア州の島々は、ポリネシア、メラネシア、（　　　）に区分される。

（3）太平洋の島々の海には（　　　）礁でつくられた地形がみられる。

（4）①オーストラリアと②ニュージーランドの先住民族をそれぞれ何というか。

（5）オーストラリアでかつて行われていた白人以外の移民をしめ出す政策を何というか。

（6）オーストラリアやニュージーランドで飼育が盛んな、主に毛を利用するための家畜は何か。

（7）オーストラリア西部で多く産出される鉱産資源は、次のどれか。
　　　［ 鉄鉱石 , 石炭 ］

（8）オーストラリア東部で多く産出される鉱産資源は、次のどれか。
　　　［ 鉄鉱石 , 石炭 ］

（9）オーストラリアの貿易相手国はかつてイギリスが主だったが、現在は（　　　）や日本、韓国などのアジア諸国へ変わった。

（10）太平洋を取り巻く国々が活発な貿易を行うために参加している、アジア太平洋経済協力のアルファベットの略称は何か。

1
2
3
4①
②
5
6
7
8
9
10

合格・社会

日　本

1 ア	
イ	
ウ	
エ	
2 ア	
イ	
3	
4 ア	
イ	
5	
6 ア	
イ	
ウ	
7	
8	
9	
10 ア	
イ	
ウ	
11 A	
B	
C	

（1）日本の最北端は（　ア　）島、最南端は（　イ　）島で、
　　　最東端は（　ウ　）島、最西端は（　エ　）島である。

（2）国家の主権がおよぶ領域は、領土、領海、（　ア　）からなり、沿岸
　　　から200海里以内を（　イ　）水域という。

（3）日本から見て地球の反対側に位置する国は、次のどれか。
　　　　［　イギリス　，　オーストラリア　，　ブラジル　］

（4）日本の国土面積は約（　ア　）万k㎡で、（　イ　）都道府県からなる。

（5）日本を7地方に分けると、北海道地方、東北地方、関東地方、中部
　　　地方、（　　　　）地方、中国・四国地方、九州地方に分けられる。

（6）次の都道府県庁所在地名を書きなさい。
　　　ア　宮城県　　イ　神奈川県　　ウ　愛知県

（7）日本近海に広がる、水深200mまでの平たんな海底を何というか。

（8）日本列島を東西の2つに分ける地溝帯を（　　　　）という。

（9）長さが日本一の河川は（　　　　）川である。

（10）日本海を北上する暖流を（　ア　）、太平洋側を北上する暖流を
　　　（　イ　）、千島列島から南下する寒流を（　ウ　）という。

（11）地図中のA〜Cは日本固有の領土だが、現在は他国が不法に占拠や、
　　　領土を主張している。A〜Cの名称をそれぞれ答えなさい。

10

(12) 川が山地から平地に出るところに土砂がたまってできる扇状地は
　　果樹園と水田のどちらに利用されるか。

(13) 河口付近に見られる細かい土砂でうめ立てられた三角形の形をした
　　地形を（　　　）という。

(14) 地図記号①〜③はどのような土地利用を表しているか。

　　①　▽　▽　　②　ⓑ　ⓑ　　③　‖　‖
　　　　　▽　　　　　ⓑ　　　　　‖

(15) 地図記号の①〜③はどのような施設や建物を表しているか。

　　①　◎　　　②　⊗　　　③　open symbol

(16) 実際の距離が1kmのとき、5万分の1の地形図上では何cmか。

(17) 防災に役立つように作成された地図を（　　　）マップという。

(18) 札幌市、仙台市、熊本市など、人口が50万人以上で、都道府県が
　　行う業務の一部を市で行うことができる都市を何というか。

(19) 日本の人口ピラミッドは、富士山型→つりがね型→（　　　）型と
　　変化している。

(20) 日本の発電エネルギーは、次のうちどのエネルギーを利用する割合
　　が高いか。　　　　［ 水力発電 , 火力発電 , 原子力発電 ］

(21) エネルギーとして原子力発電の割合が高いのは、次のどの国か。
　　　　［ フランス , 中国 , デンマーク ］

(22) エネルギーとして水力発電の割合が高いのは、次のどの国か。
　　　　［ ドイツ , アメリカ , ブラジル ］

(23) 太陽光や風力などの、再生できるエネルギーを何というか。

(24) 国内で消費される農作物のうち、国内で生産されている割合を示し
　　たものを（　　　）といい、日本では割合が低くなっている。

(25) 産業のうち、物の生産に直接かかわらない教育、福祉、医療などの
　　産業は、第（　　　）次産業である。

12
13
14①
②
③
15①
②
③
16
17
18
19
20
21
22
23
24
25

合格・社会

九州地方

（1）熊本県にある阿蘇山には世界最大級の（　　　）がある。

（2）鹿児島県にあり、頻繁に噴火を起こしている火山を何というか。

（3）大分県や鹿児島県で盛んな、火山活動で発する蒸気などを使用した
　　　発電方法を何というか。

（4）鹿児島県や宮崎県の一部にみられる、火山灰が積もってできた台地
　　　を（　　　）台地という。

（5）（4）では牛や豚、にわとりを飼育する（　　　）業が盛んである。

（6）宮崎の平野では温暖な気候を利用してきゅうりやピーマンの
　　　（　　　）栽培が行われる。

（7）鹿児島県の（　　　）島は豊かな自然がみられることから、世界自然
　　　遺産に登録されている。

（8）1960 年代、八代海沿岸で発生した四代公害病の一つは何か。

（9）南西諸島周辺の暖かい海では、美しい（　　　）が広がり、多くの
　　　観光客が訪れている。

（10）沖縄県におかれているのはどこの軍の基地か。

（11）沖縄県の伝統的な住居に見られる、台風被害を防ぐための工夫を一
　　　つ答えなさい。

1	
2	
3	
4	
5	
6	
7	
8	
9	
10	
11	

合格・社会

（1）冬は北西、夏は南東からふき、気候に影響を与える風を何というか。

（2）中国山地よりも北の、冬に雨や雪の多い地域は、次のどれか。

　　　[　南四国 , 瀬戸内 , 山陰　]

（3）降水量の少ない、中国山地と四国山地にはさまれている地域は（2）のどれか。

（4）季節風と台風の影響で夏の降水量が多い、四国山地よりも南の地域は（2）のどれか。

（5）中国・四国地方でみかんの生産が盛んなのは（　　　）県である。

（6）高知平野で促成栽培される野菜を、次からすべて選びなさい。

　　　[　なす , てんさい , じゃがいも , きゅうり　]

（7）降水量が少ない讃岐平野で多く見られる、水の確保のためにつくられたものは何か。

（8）重化学工業を中心に発展した、瀬戸内海沿岸に広がる工業地域を何というか。

（9）水島地区などで見られる、石油精製工場を中心とした、関連工場の集まりを何というか。

（10）離島や山間部では、人口が減って（　　　）化が進んでいる。

（11）本州と四国を結ぶ連絡橋をまとめて（　　　）連絡橋という。

1	
2	
3	
4	
5	
6	
7	
8	
9	
10	
11	

近畿地方

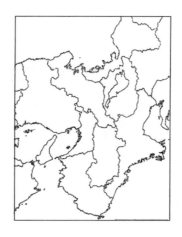

（1）近畿地方は、（　ア　）・京都の2府と、三重・滋賀・兵庫・奈良・（　イ　）の5県からなる。

（2）紀伊半島に連なる険しい山地を（　　　）山地という。

（3）紀伊山地ですぎやひのきを生産する林業が盛んな理由を、気候の特徴を明らかにして、書きなさい。

（4）和歌山県で生産量が日本一の果物を2つ書きなさい。

（5）日本最大の湖である琵琶湖は（　　　）県にある。

（6）琵琶湖から流れ出て、大阪湾に注いでいる河川を何というか。

（7）大阪、神戸など、大阪湾を中心とした工業地帯を何というか。

（8）東大阪市や八尾市には、優れた技術を用いて高品質な部品を生産する（　　　）の工場が数多くある。

（9）大都市圏の中心部の住宅不足を解決するために、大阪府では千里や泉北、神戸市では丘陵地を削って建設された住宅地を何というか。

（10）京都市では町並みの景観をそこなわないように（　　　）を定めている。

（11）京都の文化財は「古都京都の文化財」として（　　　）に登録されている。

1 ア
イ
2
3
4
5
6
7
8
9
10
11

中部地方

（1）中部地方は東海、中央高地、（　　　　）に区分される。

（2）日本アルプスと呼ばれるのは飛驒・木曽・（　　　　）山脈である。

（3）名古屋市を中心に岐阜県や三重県の周辺地域と結びついて発展している、三大都市圏の1つを何というか。

（4）ぶどう・ももの生産量が日本一であるのは（　　　　）県である。

（5）長野県が他の産地と出荷時期をずらし、生産量日本一の野菜は、次のどれか。　　［ きゅうり , 玉ねぎ , レタス ］

（6）静岡県の牧ノ原で生産が盛んな農産物は、次のどれか。
　　　　　　［ ぶどう , 茶 , キャベツ ］

（7）ビニールハウスや温室を用い、大消費地向けに花や野菜を栽培する農業を何というか。

（8）静岡県にある焼津港は日本有数の（　　　　）漁業の基地である。

（9）中京工業地帯の中心になっている工業は、次のどれか。

　　　　　　［ 自動車 , 精密機械 , 繊維 ］

（10）静岡県浜松市や富士市を中心に形成された工業地域を何というか。

（11）戦後、中央高地で時計やカメラなどの（　　　　）工業が発達した。

（12）福井県鯖江市の眼鏡フレームや富山の製薬などは（　　　　）産業として発展してきた。

| 1 |
| 2 |
| 3 |
| 4 |
| 5 |
| 6 |
| 7 |
| 8 |
| 9 |
| 10 |
| 11 |
| 12 |

合格・社会

関東地方

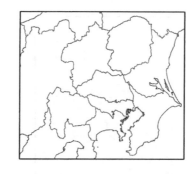

（1）日本最大の流域面積であるのは（　　　）川である。

（2）関東平野をおおう火山灰の土壌を（　　　）という。

（3）東京都や周辺部では、気温が周囲よりも高くなる（　　　）現象が
　　見られる。

（4）政治・経済・情報の中心となっている東京は、日本の（　　　）である。

（5）通勤や通学で結びつきが強い、東京・神奈川・埼玉・千葉によって
　　形成された大都市圏を何というか。

（6）東京都心部では、昼間人口と夜間人口のどちらが多いか。

（7）東京・川崎・横浜を中心に東京湾岸の埋め立て地に発展した工業地
　　帯を何というか。

（8）東京で発達している首都ならではの産業は、次のどれか。
　　　［ 出版業 , 農業 , 航空宇宙 ］

（9）千葉県の東京湾岸に広がる工業地域は（　　　）工業地域である。

（10）（9）の工業地域でさかんな工業は、次のどれか。
　　　［ 自動車 , 石油化学 , 精密機械 ］

（11）埼玉・群馬・栃木・茨城などの内陸部につくられた工業地域を
　　（　　　）工業地域という。

（12）大都市に近い千葉や埼玉などで、野菜や生花を作って市場に出荷
　　する農業を（　　　）農業という。

1
2
3
4
5
6
7
8
9
10
11
12

合格・社会

東北・北海道地方

（1）東北地方の中央を南北に（　　　）山脈が走っている。

（2）青森県と秋田県にまたがる世界遺産に登録されている山地を（　ア　）、北海道にある世界遺産に指定されている半島を（　イ　）という。

（3）三陸海岸の南部にあるノコギリ歯のような海岸地形を何というか。

（4）三陸海岸沖の暖流と寒流が出会う（　　　）という海域は、世界有数の漁場となっている。

（5）夏に東北地方の太平洋側でふく、冷たい北東風を何というか。

（6）りんごの生産は（　ア　）県、さくらんぼや洋なしの生産は（　イ　）県が盛んである。

（7）夏の季節風が寒流の親潮の影響によって冷やされて発生し、気温の上昇を妨げている、北海道沿岸に生じる自然現象を何というか。

（8）・日高山脈の西部には米の産地である（　ア　）平野が広がっている。
　　・東側には日本最大の畑作地域である（　イ　）平野がある。
　　・北東部には酪農が盛んな（　ウ　）台地がある。

（9）北海道の多くの農家で行っている、土がやせないように、同じ土地で年ごとに栽培する作物を変えることを何というか。

（10）北海道が全国の主な生産量をしめている農産物として当てはまらないものは、次のどれか。　［ じゃがいも , さつまいも , てんさい ］

（11）安定的な漁業のために、魚介類を人工的に育て、大きくしてから出荷する漁業を何というか。

（12）自然との関係を大切にしつつ、観光資源を体験したり、ガイドの説明から学んだりすることを何というか。

1	
2 ア	
イ	
3	
4	
5	
6 ア	
イ	
7	
8 ア	
イ	
ウ	
9	
10	
11	
12	

合格・社会

700～600万年前	1万3000年前	紀元前	紀元後	100	200	300	400	500
旧石器時代	縄文時代		弥生時代			古墳時代		

文明の起こりと日本国のはじまり

（1）紀元前3000年ごろ、ナイル川流域でおこった文明は何か。

（2）（1）では、太陽暦がつくられ、何という文字が発明されたか。

（3）チグリス川とユーフラテス川の流域でおこった文明は何か。

（4）（3）では太陰暦が考え出され、何という文字が発明されたか。

（5）インダス川流域でおこった文明は何か。

（6）紀元前16世紀ごろ、黄河流域でおこった、青銅器の文明を持った国を何というか。

（7）（6）で作られた、漢字のもととなった文字を何というか。

（8）紀元前3世紀、秦の（　　　）が中国を統一し、帝国をつくった。

（9）（8）が北方遊牧民の侵入を防ぐために築いた建造物は何か。

（10）漢の時代にひらけた、ヨーロッパとの交通路を何というか。

（11）紀元前8世紀ごろ、地中海各地に造られた、アテネやスパルタなどの都市国家をカタカナ3文字で何というか。

（12）ギリシャの文化が東方に伝わって生まれた文化を何というか。

（13）日本の旧石器時代の存在を確認できた群馬県の遺跡を何というか。

（14）1万数千年ほど前、日本で土器をつくり、たて穴住居に住むようになった時代を何というか。

（15）青森県にある（14）の代表的な遺跡を何というか。

（16）（14）に人々が食べ物の残りかすなどを捨てた場所を何というか。

1
2
3
4
5
6
7
8
9
10
11
12
13
14
15
16

(17) 稲作や青銅器などの金属器が伝わった頃の時代を何というか。

(18) (17)に米をねずみや湿気から守るために作られた建物は何か。

(19) (17)の代表的な遺跡は静岡県の登呂遺跡と佐賀県の（　　　　）。

(20) 1世紀半ば、倭の（　　）の王が後漢に使いを送り、皇帝から金印が授けられた。

(21) 3世紀ごろ、邪馬台国をおさめていた女王はだれか。

(22) 3世紀後半、近畿地方の有力な豪族が支えた政権は何か。

(23) 3世紀後半以降、王や豪族の大きな墓がつくられるようになった。その中で大阪府にある日本最大の古墳を何というか。

(24) 5世紀ごろ、中国や朝鮮半島から日本に移り住み、進んだ文化や技術を伝えた人たちを何というか。

17
18
19
20
21
22
23
24

飛鳥時代

（1）推古天皇の摂政となった人物は誰か。

（2）家柄にとらわれず、才能や功績のある人物を取り立てるために（1）がつくった制度は何か。

（3）役人の心構えを示すために（1）がつくった決まりは何か。

（4）（1）は、隋の進んだ制度や文化を取り入れるために使節を送った。この使節を何というか。

（5）（4）の使節として送られた人物を一人あげよ。

1
2
3
4
5
6
7

（6）（1）が建てた、現存する世界最古の木造建築物がある寺は何か。

（7）645年、中大兄皇子と中臣鎌足らが行った天皇中心の国づくりを目指す政治改革を何というか。

（8）663 年、日本(倭国)は百済を助けるために朝鮮半島に大軍を送り、唐・新羅の連合国に敗れた。この戦いを何というか。

（9）天智天皇の死後、天皇の地位をめぐって起こった戦いは何か。

（10）701 年、唐にならってつくられた法律を何というか。

8
9
10

奈良時代

（1）710 年、唐の長安にならってつくられた都を何というか。

（2）律令制度のもと、6 歳以上のすべての人に田があたえられ、死ぬと国に返すという制度があった。これを何というか。

（3）（2）のときにあたえられた田を何というか。

（4）（3）の面積に応じて、稲を国などに納める税を何というか。

（5）地方の特産物などを朝廷へ運んで納める税を何というか。

（6）743 年に出された、新しく開墾した土地を永久に自分のものにできるきまりを何というか。

（7）（6）の法律により、貴族や寺院などが所有するようになった土地は、のちに何とよばれるようになったか。

（8）聖武天皇のころ栄えた仏教と唐の影響を強く受けた国際的な文化を何というか。

（9）聖武天皇の遺品などを納めた東大寺にある倉庫を何というか。

（10）聖武天皇が仏教の力で国を守ろうと、国ごとに建てた寺は何か。

（11）8 世紀、神話や伝記をもとに日本の国のおこりをまとめた 2 つの歴史書（ ア ）、（ イ ）が作られ、国ごとに自然・産物・いい伝えをまとめた（ ウ ）が作られた。また、農民から天皇まで約 4500 首の歌を集めた（ エ ）も作られた。

1
2
3
4
5
6
7
8
9
10
11 ア
イ
ウ
エ

平安時代

（1）794 年、平安京に都を移した天皇は誰か。

（2）894 年に遣唐使の停止を訴えた人物は誰か。

（3）藤原氏は自分の娘を天皇のきさきにし、生まれた子を次の天皇に
　　することで勢力をのばした。天皇が幼いときは（　ア　）、成人後
　　は（　イ　）の地位について政治を行った。これを摂関政治という。

（4）11 世紀、摂関政治が最盛期のころの藤原父子の名前を書け。

（5）白河天皇は、位を譲って上皇になった後でも藤原氏の力をおさえ
　　て政治の実権をにぎった。この政治を何というか。

（6）1156 年の保元の乱、1159 年の平治の乱の 2 つの争いの後、勢力
　　を広げ、武士として初めて太政大臣になった人物は誰か。

（7）（6）は、中国との貿易で財をなした。当時の中国の王朝は何か。

（8）9 世紀はじめ、最澄は比叡山に延暦寺を建て（　ア　）宗を、
　　空海は高野山に金剛峯寺を建て（　イ　）宗を広めた。

（9）平安時代半ば、仮名文字が作られたことで日本の風土や生活にあ
　　った文化が発達したが、この文化を何というか。

（10）紀貫之らが編集した和歌集を何というか。

（11）紫式部は（　ア　）という小説を書き、清少納言は（　イ　）と
　　いう随筆を書いた。

1	
2	
3ア	
イ	
4父	
子	
5	
6	
7	
8ア	
イ	
9	
10	
11ア	
イ	

鎌倉時代

（1）鎌倉を本拠地として、武家政治を始めたのは誰か。

（2）1192 年、（1）が朝廷から任命された地位は何か。

1	
2	

794		1185(諸説あり)		1333	1336	1338		1392	応仁の乱以後		1573		1590
								室町時代					
平安時代		鎌倉時代				南北朝時代				戦国時代			安土桃山時代

（3）（1）が国ごとにおいて軍事や警備にあたらせた役職は何か。

（4）（1）が荘園・公領ごとに置き、年貢の取り立てや犯罪の取り締まりをさせた役職は何か。

（5）将軍が御家人の領地を保護したり、功績をたてたときには新しく領地をあたえたりすることを何というか。

（6）御家人が将軍に忠誠をちかい、京都や鎌倉の警備や戦いがおこったときは命がけで軍役を果たすことを何というか。

（7）（1）の死後、幕府の実権をにぎった北条氏が独占するようになった、将軍を助けて政治を行う役職を何というか。

（8）1221年、政治の実権を取り戻そうとした後鳥羽上皇が兵をあげたが、幕府が勝利した。この戦乱を何というか。

（9）（8）に勝利した幕府が、朝廷を監視するために京都に置いた役所を何というか。

（10）1232年、北条泰時が制定した武士独自の法を何というか。

（11）13世紀後半、元の二度にわたる日本への襲撃を何というか。

（12）領地の分割相続などで生活が苦しくなった御家人を救うために1297年に幕府が出した法令は何か。

（13）鎌倉幕府への反感が強まる中、政治の実権を朝廷に取り戻すために兵をあげ、1333年に鎌倉幕府をほろぼした天皇は誰か。

（14）東大寺南大門にある「金剛力士像」を中心となって造ったのは誰か。

（15）琵琶法師が広めた、平氏の繁栄と滅亡を描いた軍記物は何か。

（16）後鳥羽上皇の命令で、藤原定家らが編集した和歌集は何か。

3	
4	
5	
6	
7	
8	
9	
10	
11	
12	
13	
14	
15	
16	

合格・社会

(17) 鎌倉時代に新しい仏教が急速に広まった理由を簡潔に述べよ。

(18) 浄土宗をひらいた人物は誰か。

(19) (18) の弟子の親鸞が広めた宗派は何か。

(20) 「南無妙法蓮華経」の題目を唱えれば救われると説いたのは誰か。

(21) 栄西や道元が伝えた、座禅によって自分の力でさとりを開こうとする仏教を何というか。

17	
18	
19	
20	
21	

室町時代

(1) 鎌倉幕府滅亡後、後醍醐天皇がはじめた天皇中心の新しい政治を何というか。

(2) 1338 年、征夷大将軍に任命されたのは誰か。

(3) 南北朝の動乱の中、多くの荘園を自分の領地とし、支配していくようになった守護を何というか。

(4) 1392 年に南北朝を統一させた第 3 代将軍は誰か。

(5) 室町時代における将軍の補佐役としておかれた役職は何か。

(6) (4) が明との貿易の間で使った証明書（合い札）は何か。

(7) 第 8 代将軍足利義政のあとつぎをめぐって細川氏と山名氏が対立し、1467 年から 11 年続いた戦いを何というか。

1	
2	
3	
4	
5	
6	
7	
8	
9	
10	

(8) 下剋上の風潮が広がり、守護大名の地位をうばったり、守護大名が成長したりして生まれた大名を何というか。

(9) (8) が領国支配のためにつくった独自の法律は何か。

(10) 室町時代に広まった、1 つの田畑で米と麦を交互に作る農業を何というか。

1338	1392	応仁の乱以後		1573	1590	1603
		室町時代			安土桃山時代	江戸時代
	南北朝時代		戦国時代			

(11) 室町時代の陸上輸送の運送業者を（　　　　）という。

11	

(12) 室町時代の運送業をかねた倉庫業者を（　　　　）という。

12	

(13) 室町時代の金融業者を2つあげよ。

13	

(14) 商工業者がつくった同業者の団体を何というか。

14	

(15) 有力な農民を中心に（　　　）という自治組織が村ごとに作られた。

15	

(16) 足利義満が京都に金閣を建てたころの文化を何というか。

16	

(17) 京都の東山に銀閣を建てた人物は誰か。

17	

(18) 銀閣と同じ敷地にある東求堂同仁斎にみられる、現在の和風建築のもととなっている様式を何造りというか。

18	
19	

(19) 水墨画を大成した人物は誰か。

20	

(20) 14世紀ごろ、イタリアを中心に新しい文化をつくろうと多くの芸術作品などが生み出された。この動きを何というか。

21	
22	

(21) 16世紀初め、ルターやカルバンがカトリック教会を批判したことではじまった改革を何というか。

23	
24	

(22) 1492年、大西洋を横断して西インド諸島を発見したのは誰か。

25	

(23) 16世紀初め、（　　　　　）が率いた船隊が世界一周を達成した。

26	

(24) 日本に鉄砲を伝えたポルトガル人が漂着した場所はどこか。

(25) 日本にキリスト教を伝えるために、鹿児島に来航した宣教師は誰か。

(26) 16世紀に日本とスペイン・ポルトガルとの間で行われていた貿易を何というか。

安土桃山時代

（1）長篠の戦いで鉄砲を有効に使い、武田勝頼を破ったのは誰か。

（2）（1）が安土城の城下で商工業の発展のために座や各地の関所を廃止した政策を何というか。

（3）（1）の死後、後継者となり全国を統一した豊臣秀吉が本拠地として築いた城を何というか。

（4）豊臣秀吉が全国の田畑の面積や土地のよしあしを調べ、予想される収穫量を石高で表した政策を何というか。

（5）豊臣秀吉が一揆を防ぐために農民や寺社から武器をとりあげた政策を何というか。

（6）（4）や（5）により、武士と農民の身分がはっきりと分かれたことを何というか。

1
2
3
4
5
6
7
8
9
10

（7）豊臣秀吉が失敗はしたが、二度も兵を送ったのはどの国か。

（8）桃山文化の象徴でもある世界遺産にも登録された城は何か。

（9）大阪城などに屏風絵やふすま絵を描いたのは誰か。

（10）「わび茶」を完成させ、茶道を大成させた人物は誰か。

江戸時代

（1）1600年、関ヶ原の戦いで全国支配の実権をにぎったのは誰か。

（2）関ヶ原の戦い以降に徳川に仕え、江戸から遠い領地に配置された大名を何というか。

（3）（1）が発行した許可書をもった船が東南アジア各地と行った貿易を何というか。

1
2
3

（4）幕府と藩が、全国の土地と人々を支配する仕組みを何というか。	4
（5）1615 年、大名が無許可に城を修復したり大名同士が婚姻関係を結んだりすることを禁止した法律を何というか。	5
	6
（6）参勤交代を義務づけた第 3 代将軍は誰か。	7
（7）重税とキリスト教への厳しい弾圧に苦しんだ農民が天草四郎を大将にして、1637 年に起こした反乱を何というか。	8
	9
（8）1641 年に鎖国が完成するが、その中でも長崎への入港を許可されていたのは、中国（清）とどこの国か。	10
	11
（9）平戸にあったオランダ商館が移された長崎の人工島を何というか。	12
（10）年貢を確実に納めさせるために、農民に連帯責任を負わせた制度を何というか。	13
	14
（11）江戸時代になって、（　　　　）と千歯こきなどの農具が普及し、農業技術が向上した。	15
	16
（12）江戸幕府成立後、国交が回復した朝鮮から、日本の将軍の代がわりを祝うためなどに派遣された使節を何というか。	17

（13）江戸時代に整備された東海道、中山道、甲州道中、日光道中、奥州道中をまとめて何というか。

（14）17 世紀後半、商業の中心であった大阪は何とよばれていたか。

（15）幕府の許可を得て営業を独占した同業者組合を何というか。

（16）朱子学を奨励し、生類憐みの令を出した第 5 代将軍は誰か。

（17）第 8 代将軍徳川吉宗が行った政治改革を何というか。

(18) 徳川吉宗が定めた裁判の基準となる法律を何というか。

(19) 徳川吉宗が民衆の声を聞くために設置したものは何か。

(20) 問屋が農民に原料や道具を前貸しして、その製品を安く買い取る
生産方法を何というか。

(21) 百姓たちが、幕府や大名に年貢の軽減や不正を働く役人の交代を
求めた行動を何というか。

(22) 貧しい人々が米を買い占めた商人を襲ったことを何というか。

(23) 幕府の財政を立て直すために株仲間を奨励し、長崎での貿易も活
発化させようとした老中は誰か。

(24) 昌平坂学問所をつくり、朱子学以外の学問を教えることを禁止す
るなどの松平定信が行った改革を何というか。

(25) 子どもに読み・書き・そろばんなどの実用的な知識を教えていた
教育機関を何というか。

(26) 1825 年に出された、沿岸に接近する外国船を追い払うことを命じ
た決まりを何というか。

(27) 1837 年、幕府の元役人であった人物が、天保のききんで苦しむ
人々を救うために大阪で起こした反乱を何というか。

18
19
20
21
22
23
24
25
26
27
28
29
30
31

(28) 物価の上昇をおさえるために株仲間を解散させ、農民が江戸に出
稼ぎにくることを禁じるなどの天保の改革を行ったのは誰か。

(29) 17 世紀末、京都や大阪などの上方で生まれた、経済力を持った町
人をにない手とする新しい文化を何というか。

(30) 「奥の細道」などを執筆し、俳諧を大成した人物は誰か。

(31) 人形浄瑠璃の台本に名作を残した人物は誰か。

(32) 菱川師宣が始めた、役者絵や美人画などの、町人の暮らしぶりを
題材にえがいた絵を何というか。

(33) 19世紀初め、江戸を中心に栄えた文化を何というか。

(34) 18世紀後半に「古事記伝」を著し、国学を大成した人物は誰か。

(35) ヨーロッパの解剖書を杉田玄白らが翻訳した書物は何か。

(36) 全国の海岸線を測量し、正確な日本地図を作ったのは誰か。

(37) 「富岳三十六景」を描いた人物は誰か。

32
33
34
35
36
37
38

(38) 19世紀ごろから始まった、商人などが工場をつくり、人を集めて
分業で製品をつくる生産方法を何というか。

欧米の進出

(1) 1688〜89年、新たに議会を尊重する国王を立て、権利(の)章典を
制定した、イギリスでおこった無血の革命を何というか。

(2) アメリカは1776年に独立宣言を発表し、(　　　　)が初代大統
領に選ばれた。

(3) 1789年のフランス革命で発表された、自由、平等、国民主権、私
有財産の不可侵などをうたった宣言を何というか。

(4) 18世紀後半の蒸気機関が改良されたころのイギリスで、技術の向
上により産業や社会が大きく変化したことを何というか。

1
2
3
4
5
6
7

(5) 1861年にアメリカで起きた南北戦争で、北部を率いて勝利した
大統領は誰か。

(6) 1840年、イギリスと清との間でおこった戦争を何というか。

(7) (6) の後に結ばれた、清にとって不平等な条約を何というか。

（8）1857年、イギリスの支配に対してインドで起こった反乱を何という
か。

8

江戸時代末期

（1）1853年、浦賀に来航し、開国を要求したアメリカ人は誰か。

1

（2）1854年、下田と函館を開港することを認めた条約は何か。

2

（3）1858年、大老の井伊直弼が朝廷の許可を得ないままにアメリカと
結んだ不平等条約を何というか。

3

（4）（3）の不平等な点を2つ書け。

4

（5）（3）の後にさかんになった、天皇を尊び、外国人を排除しようと
いう運動を何というか。

5

（6）（5）が高まる中、薩摩藩と長州藩が倒幕運動の中心になり、
薩長同盟を結んだ。この同盟の仲介役となった人物は誰か。

6

（7）1867年、幕府は朝廷に政権を返した。これを何というか。

7

（8）（7）を行った、江戸幕府最後の将軍は誰か。

8

（9）（7）の後、朝廷が天皇中心の政治にもどすことを宣言した。
これを何というか。

9

10

（10）1868年、鳥羽・伏見の戦いに始まり、（9）に不満を持つ旧幕府
軍と新政府軍との一連の戦いを何というか。

明治時代

（1）1868年、天皇が神にちかうという形で出された新しい政治の基本
方針を何というか。

1

（2）1869年、新政府は大名が持っていた土地と人民を政府に返させた
が、これを何というか。

2

1868		1912	1926		1989	2019
江戸時代	明治時代	大正時代	昭和時代		平成時代	令和

（3）1871年、新政府は藩を廃止し、府と県を置き、府知事を中央から派遣するなどして中央集権化を進めた。これを何というか。

（4）1871年に出された、「えた」や「ひにん」などの身分を廃止する命令を何というか。

（5）1872年、満6歳になった男女すべてに小学校教育を受けさせるために公布された法律を何というか。

（6）1873年、満20歳になった男子は兵役の義務を負うことになったが、このことを定めた法律を何というか。

（7）1873年、新政府が財政を安定させるために年貢を廃止し、地価の3％を現金で納めるよう定めた法律を何というか。

（8）新政府が欧米列強に対抗するために経済を発展させて軍隊を強化しようとした政策を何というか。

（9）1871年、欧米の視察と不平等条約の改正のきっかけをつかむことを目的に海外へ出発した使節団を何というか。

（10）1875年に日本がロシアとの国境を確定するために結んだ条約を何というか。

3
4
5
6
7
8
9
10
11
12
13
14
15

（11）北海道の開拓をした農業兼業の兵を何というか。

（12）明治初期の近代化を目指す政策によって欧米の文化が取り入れられ、伝統的な生活が変化したことを何というか。

（13）「学問のすゝめ」を書いた人物は誰か。

（14）1874年に板垣退助らが民撰議院設立の建白書を政府に提出したことからはじまった、国会開設を求める運動を何というか。

（15）1877年に政府に不満を持った西郷隆盛を中心におきた反乱を何というか。

30

合格・社会

(16) 1885年に内閣制度ができたが、初代の内閣総理大臣は誰か。

(17) 1889年に発布した大日本帝国憲法を作成する際に、主にどこの国
の憲法をお手本としたか。

(18) 1890年に出された、忠君愛国の道徳が示され、国民の精神的、道
徳的なよりどころとされたものを何というか。

(19) 第1回衆議院議員選挙で選挙権をあたえられたのは、直接国税を
（　ア　）円以上納める満（　イ　）歳以上の男子であった。

(20) 1886年にイギリスの船が沈没した際に日本人の乗客が全員水死
し、不平等条約への不満が高まった事件を何というか。

(21) 1894年にイギリスと日英通商航海条約を結び、領事裁判権の
撤廃に成功したときの日本の外務大臣は誰か。

(22) 日清戦争の原因ともなった、朝鮮で1894年におきた反乱は何か。

(23) 日清戦争の後、清に巨額の賠償金を払わせた講和条約は何か。

(24) (23)で日本が清から譲り受けた地域は、（　ア　）半島と（　イ　）
と澎湖諸島の3つである。

(25) ロシア・フランス・ドイツが(24)のアを清に返還するように日
本に要求したが、これを何というか。

(26) 1899年、列強の清への侵略に対して、清が列強に宣戦布告した
事件を何というか。

(27) 1902年、ロシアに対抗するために日本がイギリスと結んだ同盟を
何というか。

(28) 日露戦争に反対し、「君死にたまふことなかれ」という詩を残した
人物は誰か。

16
17
18
19 ア
イ
20
21
22
23
24 ア
イ
25
26
27
28

(29) 1904年におきた日露戦争の講和条約を何というか。

(30) (29)の後、東京で日比谷焼き打ち事件などの暴動がおきた。事件の原因は何が得られなかったからか。

(31) 1910年に日本が韓国を領有して、国名を朝鮮と改めたことを何というか。

(32) 1911年、三民主義を唱えた孫文が中心になり、清をほろぼし、翌年に中華民国を建国した革命を何というか。

(33) 1911年にアメリカと交渉して、関税自主権の完全な回復に成功したときの外務大臣は誰か。

(34) 足尾(銅山)鉱毒事件の被害者の救済を訴えた人物は誰か。

(35) 「吾輩は猫である」の作者は誰か。

(36) 「舞姫」の作者は誰か。

(37) 細菌学で優れた功績を残したが、黄熱病の研究で自らの命を落としてしまった科学者は誰か。

29
30
31
32
33
34
35
36
37

第一次世界大戦

(1) 19世紀末、強国となったドイツはオーストリア、イタリアと同盟を結んだが、これを何というか。

(2) ドイツに対抗するためにイギリス、フランス、ロシアで結んだ同盟を何というか。

(3) 20世紀初め、「ヨーロッパの火薬庫」と呼ばれていた半島は何か。

(4) 第一次世界大戦が始まったのは西暦何年か。

(5) 日本が第一次世界大戦に参加したのは、どこの国と同盟を結んでいたからか。

1
2
3
4
5

1868		1912	1926		1989	2019
江戸時代	明治時代	大正時代	昭和時代		平成時代	令和

（6）1919年にパリで結ばれた第一次世界大戦の講和条約を何というか。

（7）第一次世界大戦中の1917年にロシア革命がおきた。この革命の
　　指導者は誰か。

（8）ロシア革命による社会主義の拡大を恐れて、1918年にアメリカや
　　日本などが軍を派遣したことを何というか。

（9）第一次世界大戦中の1915年、欧米列強のアジアへの影響力がな
　　くなったことを機に、日本が中国に出した要求を何というか。

（10）（9）の廃棄を求める運動が1919年5月に中国でおこったが、こ
　　の運動を何というか。

（11）日本からの独立を勝ち取ろうと1919年3月に朝鮮でおきた独立
　　運動を何というか。

（12）1919年にドイツで制定された、労働者の基本的権利の保護、社会
　　福祉政策の導入などを定めた憲法を何というか。

（13）第一次世界大戦後、世界平和を求めて国際連盟が発足した。これを
　　提案したアメリカの大統領は誰か。

（14）海軍の軍縮と日英同盟の解消が決まった1921年の会議は何か。

（15）第一次世界大戦後に非暴力・不服従を唱え、インドの完全な自治
　　を求める運動を指導した人物は誰か。

（16）米騒動後に成立した日本初の本格的な政党内閣の首相は誰か。

（17）1925年に成立した普通選挙法では、納税額による制限が廃止にな
　　り、満（　　）歳以上の（　　）に選挙権があたえられた。

（18）普通選挙法と同時に成立した共産主義を取りしまる法は何か。

6	
7	
8	
9	
10	
11	
12	
13	
14	
15	
16	
17 年齢	
性別	
18	

33

(19) 部落差別に苦しんできた被差別部落の人々が1922年に京都で結社し、差別問題の解決を目指した団体を何というか。

(20) 大正時代に活躍した、「羅生門」「蜘蛛の糸」などの作者は誰か。

(21) 1925年に放送が始まった、新聞に並ぶ貴重な情報源は何か。

19	
20	
21	

昭和時代

(1) 1929年にアメリカのニューヨークの株式市場で株価が大暴落したことをきっかけに世界経済が大混乱したことを何というか。

(2) 1933年、(1) の対策のためにアメリカで行われた、公共事業を起こして失業者に職をあたえるなどの政策を何というか。

(3) (2) を行ったアメリカ大統領は誰か。

(4) (1) を乗り切るためにイギリスやフランスが行った政策は何か。

(5) 社会主義をとるソ連が (1) の影響を受けなかったのは五か年計画を進めていたためである。このときのソ連の指導者は誰か。

(6) ドイツやイタリアで、民主主義を否定し個人よりも国家を重視する全体主義を主張する政治運動が広まったが、これを何というか。

(7) 1933年にドイツの政権を握り、ユダヤ人を迫害したのは誰か。

1	
2	
3	
4	
5	
6	
7	

昭和（第二次世界大戦）

(1) 1931年に日本軍（関東軍）が満州鉄道を爆破したことをきっかけに満州を占領したことを何というか。

(2) リットン調査団の調査により満州国を承認されなかった日本が1933年に脱退した国際機関は何か。

(3) 1932年に海軍の青年将校などが犬養毅を暗殺した事件は何か。

(4) 1936年に陸軍の青年将校らが首相官邸を襲撃した事件は何か。

1	
2	
3	
4	

1868	1912	1926		1989	2019
江戸時代	明治時代	大正時代	昭和時代	平成時代	令和

（5）1937年の盧溝橋事件をきっかけに始まった戦争を何というか。

（6）（5）が長引く中で、1938年に政府が議会の許可なしに労働力や資源を戦争に動員できるようにした法律を何というか。

（7）第二次世界大戦は西暦何年に始まったか。

（8）第二次世界大戦はドイツがどこの国に侵攻してから始まったか。

（9）1940年にドイツ・イタリア・日本で結んだ同盟を何というか。

（10）1941年に日本がアメリカの海軍基地があるハワイの（　ア　）湾を奇襲したことをきっかけに始まった戦争を（　イ　）という。

（11）1945年に原子爆弾を落とされた日本の2つの都市を答えよ。

（12）1945年の8月15日に無条件降伏をしたことで終戦となった。このとき日本が受け入れた宣言を何というか。

5
6
7
8
9
10 ア
イ
11
12

戦後

（1）終戦後日本の本土はアメリカ軍を主力とする連合国軍によって占領されたが、占領政策をすすめたGHQの最高司令官は誰か。

（2）戦後は満（　ア　）歳以上の（　イ　）に選挙権があたえられた。

（3）GHQは日本経済の民主化のため、それまで産業や経済を独占してきた財閥の機能を失わせた。これを何というか。

（4）GHQの占領下で実施された、地主が持つ土地を政府が強制的に買い上げて、小作人に安く売りわたした政策を何というか。

（5）GHQの草案をもとに今の日本国憲法がつくられたが、日本国憲法が実際に施行されたのは西暦何年か。

（6）教育の機会均等、義務教育などを定めた法律を何というか。

1
2 ア
イ
3
4
5
6

（7）世界の平和と安全を維持する機関として、1945年につくられた
　　国際機関を何というか。

（8）アメリカを中心とする資本主義の西側陣営と、ソ連を中心とする
　　共産主義の東側陣営の長く厳しい対立を何というか。

（9）1949年、毛沢東を主席として建国した国の正式名を何というか。

（10）1950年、北朝鮮が韓国へ侵攻して始まった戦いを何というか。

（11）1950年にGHQの指令でつくられた警察予備隊は、次第に強化さ
　　れて1954年には何という組織になったか。

（12）1951年、日本は48ヵ国と条約を結び、翌年独立を回復した。こ
　　のとき結んだ条約を何というか。

（13）（12）と同時に結ばれた、日本の安全と東アジアの平和維持のため
　　日本がアメリカと結んだ条約を何というか。

（14）1956年、日本が国際連合に加盟し、国際社会に復帰するきっかけ
　　となった、ソ連と国交を回復したときに調印したものを何というか。

（15）1955年〜1973年の日本経済が急成長し続けたことを何というか。

7
8
9
10
11
12
13
14
15
16
17
18
19

（16）1973年におきた第四次中東戦争をきっかけに石油価格が急上昇
　　し、世界経済に打撃を与えた出来事を何というか。

（17）1978年、中国との間で結ばれた条約を何というか。

（18）1989年に冷戦の象徴であったベルリンの壁が破壊され、東西が
　　統一された国はどこか。

（19）1980年後半〜1991年の不健全な好景気を何というか。

現代社会と私たちの生活

（1）人、物、情報などが国境を越えて移動することで、世界が一体化してることを何というか。

（2）各国がそれぞれ得意な産業に力を入れ、競争力がないものを輸入し、貿易によって交換し合うことを何というか。

（3）人間の知能の働きをコンピュータに持たせた、人工知能の略称をアルファベット2文字で何というか。

（4）情報化が進んだ社会では、情報を正しく活用する力である（ ア ）と情報を正しく利用していく態度である（ イ ）を身につける必要がある。

（5）一人の女性が一生に出産する子供の平均人数のことを何というか。

（6）（5）が低下する一方で、高齢者の割合が高まることを何というか。

（7）（5）の低下の原因として不適切なものを一つ選びなさい。
　　ア 医療の進歩　　イ 女性の社会進出　　ウ 晩婚化　　エ 育児施設不足

（8）親と子ども、あるいは夫婦だけの世帯を何世帯というか。

（9）将来の環境に配慮して開発を続ける社会を（　　　）な社会という。

（10）日本独特な二つの伝統文化のうち、沖縄や奄美群島の人々に受けつがれてきたものを（ ア ）文化といい、北海道や樺太、千島列島の先住民に受けつがれてきたものを（ イ ）文化という。

（11）日本の伝統文化を保護するために、1950年に制定された法律は何か。

（12）多様な考え方や価値観を持つ人々が、文化のちがいを認め合い、対等な関係を築いて、ともに社会の中で生きていくことを何というか。

（13）私たちは学校や部活動、地域社会、会社などの社会集団の中で生活しているが、私たちが最初に属する最も身近な社会集団は何か。

1	
2	
3	
4 ア	
イ	
5	
6	
7	
8	世帯
9	
10 ア	
イ	
11	
12	
13	

人権思想と日本国憲法

（1）人が生まれながらに持っている人間としての権利を何というか。

（2）アメリカ独立戦争で出された（　ア　）や、フランス革命で出された（　イ　）は今日の人権の基礎をつくった。

（3）「統治二論」で抵抗権を唱えたイギリスの思想家は誰か。

（4）「法の精神」で三権分立を唱えたフランスの思想家は誰か。

（5）「社会契約論」で人民主権を唱えたフランスの思想家は誰か。

（6）1919年に世界で初めて社会権を取り入れたドイツの憲法を何というか。

（7）日本国憲法の三つの基本原則を書きなさい。

（8）日本国憲法では、天皇の地位は主権者ではなく、日本国と日本国民統合の（　　）とされている。

（9）天皇は政治を行わず、憲法に定められている（　　）のみを行う。

（10）憲法改正原案が各議員の総議員の３分の２以上の賛成で可決されると、国民に対して国会が（　ア　）を行う。その後、国民の意思を問う（　イ　）が実施され、有効投票の過半数の賛成が得られると、憲法が改正される。

（11）平和主義の原則は、憲法の前文と憲法第何条に定められているか。

（12）他国が日本の領域を攻撃してきたときに共同で対処するために、日本とアメリカとの間で（　　）条約を結んでいる。

（13）日本がかかげる、核兵器を「持たず、作らず、持ちこませず」の三つの原則を何というか。

（14）基本的人権の根底にある一人一人の個性を尊重し、かけがえのない人間としてあつかうという考え方を何というか。

1	
2 ア	
イ	
3	
4	
5	
6	
7	
8	
9	
10 ア	
イ	
11	
12	
13	
14	

(15)（14）は、憲法第 14 条①の（　　）の平等とも深く関係している。

15

(16) 1989 年に国際連合で、子どもも人権をもつことを確認し、さまざまな子どもの権利を定めた（　　）条約が採択された。

16

基本的人権と共生社会

（1）全ての人は差別されず等しいあつかいを受ける（　　）権を持っている。

（2）独自の言語と文化を持つアイヌ民族の伝統の尊重を目指すアイヌ文化振興法は、2019 年、先住民として法的に認める（　　）にかわった。

（3）1985 年に制定された、雇用における女性差別を禁止した法律は何か。

（4）男女の区別なく、個人の能力を生かすことができる社会を実現するために、1999 年に制定された法律を何というか。

（5）近年は、「多様性」を意味する（　　）の尊重が広まっている。

（6）障がいのある人も教育や就職において、不自由なく生活できるようにすることを何というか。

（7）障がいのある人やお年寄りでも社会の中で安全・快適に暮らせるよう、さまざまな障壁を取り除こうとする考え方を何というか。

（8）国、性別、年齢、障がいの有無などによらず、誰もが利用しやすいように考えられたデザインを何というか。

1
2
3
4
5
6
7
8
9
10
11

（9）障がいのある人の自立と社会参画を支援するために制定された法律を何というか。

（10）私たちが自由に考え行動することができる権利を何というか。

（11）自由権のうち、考えることや信じることの自由を（　　）の自由という。

(12) 自由権のうち、正当な理由なくとらえられたり、無実の罪で刑罰を
　　　受けたりしないことを（　　　）の自由という。

(13) 自由権のうち、居住・移転・職業選択の自由、財産権の保障は
　　　（　　　）の自由という。

(14) 人々が人間らしく豊かな生活を営む権利を何というか。

(15) 社会権のうち、健康で文化的な最低限度の生活を営む権利を何というか。

(16) 社会権のうち、全ての子供が学校で学習することを保障する権利を
　　　何というか。

(17) 社会権のうち、安定した生活のために重要な、働くことを保障して
　　　いる権利を何というか。

(18) 労働者の権利である労働基本権(労働三権)を三つすべて書きなさい。

(19) 国の政治に国民が参加する権利を何というか。

(20) 国や地方公共団体の機関にさまざまな要望をする権利を何というか。

(21) 人権を侵害された場合に、国に救済を要求することができる権利を
　　　何というか。

(22) 請求権のうち、裁判所に裁判を行うように求める権利を何というか。

(23) 人権には、他人の人権を侵害してはならないという限界がある。憲法で
　　　は、この限界のことを社会全体の利益を意味する言葉で何と表現しているか。

(24) 日本国憲法で定められている国民の三つの義務をすべて書きなさい。

(25) 新しい人権のうち、良好な環境を求める権利を何というか。

(26) 環境権の主張に基づき、大規模な開発にあたっては、事前に環境へ
　　　の影響を調査する（　　　）が義務化されている。

12
13
14
15
16
17
18
19
20
21
22
23
24
25
26

(27) 新しい人権のうち、自分の生き方を自由に選択する権利を何というか。

| 27 | |

(28) 患者は医師からの説明を受けた上で治療方法などを決定できることになっている。このことを何というか。

| 28 | |

(29) 新しい人権のうち、国民が国や地方から情報を手に入れる（ ア ）を保障するために、国や地方では（ イ ）を設け、保有する情報を開示している。

| 29 ア | |
| イ | |

(30) 新しい人権のうち、個人の私生活に関する情報を公開されない権利を何というか。

| 30 | |

(31) 役所、病院、企業などに対して、個人情報を慎重に管理するように義務付けている制度を何というか。

| 31 | |

| 32 | |

(32) 国際的な人権保障のために、国連は 1948 年に世界人権宣言を採択し、1966 年には人権保障を義務付けた（   ）を採択した。

| 33 | |

(33)「国境なき医師団」のような、国際的な課題に取り組む非政府組織をアルファベットの略称で何というか。

現代の民主政治

(1) 国民または国民が選んだ代表者が、国民全体のために行う政治の在り方を何というか。

| 1 | |

(2) 代表者を選挙で選び、代表者が議会で話し合って物事を決めるという政治のやり方を何というか。

| 2 | |

| 3 | |

(3) 現在、日本では満（   ）歳以上のすべての国民が選挙権を持つ。

| 4 | |

(4) 一つの選挙区から一人の代表者を選ぶ選挙制度を何というか。

| 5 | |

(5) 得票数に応じて各政党の議席数を決める選挙制度を何というか。

| 6 | |

(6)（4）と（5）を組み合わせた、日本の衆議院議員の選挙で採用されている選挙制度を何というか。

（7）内閣を組織して政権をになう政党を（　ア　）といい、それ以外の
　　　政党を（　イ　）という。

（8）内閣が複数の政党で組織される政権を何というか。

（9）選挙の際に、各政党は政権をとった場合に行う政策やその実施方法
　　　などを明記した（　　　）を発表する。

（10）政策や政治に大きな影響力を持つ、多くの人々が共有する意見を何
　　　というか。

（11）テレビなどのマスメディアの情報を正しく読み取る力を何というか。

（12）有権者が多い区と少ない区では、少ない区の方が有権者の一票に
　　　重みがでてしまい、法の下の平等に反する。この問題を何というか。

7ア	
イ	
8	
9	
10	
11	
12	

国会・内閣・裁判所

（1）国会は国民が選んだ国会議員によって構成される（　ア　）の最高機
　　　関で、法律を制定できる唯一の（　イ　）機関である。

（2）衆議院の任期は（　ア　）年、参議院の任期は（　イ　）年である。

（3）国会には（　　　）、臨時会、特別会、参議院の緊急集会がある。

（4）国会の主な仕事は、法律の制定（立法）、予算の審議・議決、
　　　（　　　）の指名、条約の承認などである。

（5）予算の議決などの重要な点で両院の議決が異なる場合、衆議院の議
　　　決を優先することが認められている。これを何というか。

（6）①～③の下線部が正しければ○を、間違っていれば正しい語句を書きなさい。
　　　①　内閣が作成した予算案は、先に衆議院が審議する。
　　　②　法律案や予算は、まず専門の委員会で審議される。
　　　③　国務大臣の3分の2人以上は国会議員から選ばなければならない。

（7）国会は、あやまりや不正があった裁判官をやめさせるかどうかを判
　　　断する（　　　）を設置する仕事もある。

1ア	
イ	
2ア	
イ	
3	
4	
5	
6①	
②	
③	
7	

（8）内閣が政府の方針や政策の内容などを決める会議を何というか。

（9）内閣は国会の信任のもとに成立し、国会に対して連帯責任を負う。
　　この仕組みを何というか。

（10）衆議院は内閣の仕事が信用できないと判断したときには、（　　　　）
　　の決議を行うことができる。

（11）（10）が可決した場合、内閣は 10 日以内に衆議院を解散するか
　　（　　　　）しなければならない。

（12）次の①～③のことは、国会、内閣どちらの仕事か。
　　　①　天皇の国事行為に対する助言と承認
　　　②　最高裁判所長官の指名
　　　③　政治全般について調査する（国政調査権）

（13）企業などに対して行政が出す許認可権を見直し、自由な経済活動を
　　うながすことを何というか。

（14）裁判所には大きく分けて最高裁判所と（　　　）裁判所がある。

（15）裁判で第一審に不服があれば第二審の裁判所に（　ア　）し、さら
　　にそこでも不服があれば（　イ　）し、三度目の裁判を受けることが
　　できる。この制度の（　ウ　）という。

（16）裁判を公正中立に行うため、裁判所が国会や内閣の干渉を受けずに
　　裁判を行うとする原則を（　　　　）の独立という。

（17）裁判には企業や個人の争いに対する（　　　　）裁判と、犯罪行為に
　　対する刑事裁判がある。

（18）人権保護のため、警察官は裁判所が出す（　　　　）がなければ、原
　　則として逮捕や捜索はできない。

（19）2009 年に始まった、国民が刑事裁判に参加し、裁判官とともに被告
　　人の有罪・無罪や刑罰の内容を決める制度を何というか。

8	
9	
10	
11	
12 ①	
②	
③	
13	
14	
15 ア	
イ	
ウ	
16	
17	
18	
19	

合格・社会

(20) 最高裁判所の裁判官が適任かどうか、国民の投票によって判断する
制度を何というか。

(21) 国会が制定した法律や内閣の命令が憲法に違反していないか、裁判
所が審査する制度を何というか。

20	
21	

地方自治

（1）都道府県や市町村などの地域を運営する場を（　　）という。

（2）国から独立した（1）をつくり、住民自身が地域を運営する原則を
（　　）といい、これは日本国憲法により保障されている。

（3）地方自治は身近な民主主義の場であるので、（　　）とよばれる。

（4）権力分散のため、仕事や財源を国から地方へ移すことを何というか。

（5）都道府県知事と市長村長の被選挙権はそれぞれ満何歳以上か。

（6）地方公共団体が法律の範囲内で制定する、独自の法を何というか。

（7）地方自治で認められている、議会の解散、条例の制定の請求などの
住民による直接民主制の要素を取り入れた権利を何というか。

（8）首長や議員の解職請求には住民有権者の（ア）以上の署名が必要で、
条例の制定・改廃の請求には住民有権者の（イ）以上の署名が必要である。

（9）各地方公共団体の収入格差をなくすために国から支給される、使い
道が指定されていない補助金を何というか。

（10）特定の仕事の費用のために国から地方に支給される補助金を何とい
うか。

1
2
3
4
5 知事
市町村長
6
7
8 ア
イ
9
10
11
12

（11）（9），（10）のように地方税でまかなえない分を補う財源を何というか。

（12）一般市民が公共の利益のために活動する非営利組織の略称を何というか。

（1）食べ物や日用品などの形がある商品を（　ア　）、バスに乗ったり
　　　髪を切ったりするなどの形のない商品を（　イ　）という。

（2）生活に不可欠な食費、教育費、医療費などの支出を（　ア　）といい、
　　　収入から（　ア　）や税金などを支払い、残ったお金を（　イ　）という。

（3）訪問販売・電話勧誘などで商品を購入した場合、一定期間以内であ
　　　れば、消費者が無条件で契約を解除できる制度を何というか。

（4）欠陥商品で消費者が被害を受けたとき、企業が負う責任を定めた法
　　　律を何というか。

（5）契約トラブルから消費者を守るための法律を何というか。

（6）2004 年に消費者保護基本法は（　　　　）法へと改正され、消費者の
　　　権利と行政の責務を定めた。

（7）商品が生産されてから消費者の手に届くまでの流れを何というか。

（8）企業が利潤を目的に生産活動を行う経済を何というか。

（9）独自の技術で新しいサービスやビジネスを展開する企業を何というか。

（10）株式を発行して得た資金をもとに設立する会社を（　ア　）といい、
　　　株式を購入した出資者を（　イ　）という。（　イ　）は企業の利潤の
　　　一部を（　ウ　）として得ることができ、経営方針などを決める（　エ　）
　　　に出席することもできる。

（11）今日の企業は、利潤を追求するだけでなく、情報公開や環境への配
　　　慮なども求められている。これを企業の（　　　　）（CSR）という。

（12）労働条件の最低限の基準について定めた法律を何というか。

（13）仕事と家庭生活などを無理なく両立させることを何というか。

1 ア
イ
2 ア
イ
3
4
5
6
7
8
9
10 ア
イ
ウ
エ
11
12
13

(14) アルバイト・パート・派遣労働者などを総称して何というか。

(15) 市場が社会のすみずみまで張りめぐらされている経済を何というか。

(16) 消費者が買おうとする商品の量を（ ア ）、生産者が売ろうとする商品の量を（ イ ）といい、（ ア ）と（ イ ）が一致するときの価格を（ ウ ）という。

(17) ある商品を市場に供給する企業が一つしかない状態を何というか。

(18) ある商品を市場に供給する企業が数社しかない状態を何というか。

(19) 消費者が不当に高い価格を支払うことがないよう、企業間の競争をうながす目的で（ ア ）が制定され、この法律の運用には（ イ ）が当たっている。

(20) 国や地方公共団体によって決められる、生活に不可欠な電気・ガス・水道などの料金を何というか。

(21) 資金を借りたい人と貸したい人の間でお金を融通することを何というか。

(22) 企業が株式や社債などを発行して直接資金を集めることを直接金融といい、銀行などの金融機関を通じてお金を借りることを（　　）金融という。

(23) 紙幣発行などを行う日本の中央銀行を何というか。

(24) 需要量が供給量を上回り、物価が上がり続ける現象を何というか。

(25) 需要量が供給量を下回り、物価が下がり続ける現象を何というか。

(26) 物価や景気を安定させるため、日本銀行が行う政策を何というか。

(27) 日本銀行は、不況のときは国債を ア(買う/売る)ことで市場に出回るお金を増やし、好況のときは国債を イ(買う/売る)ことで市場に出回るお金をおさえている。このような（26）を（ ウ ）という。

(28) 異なる国どうしの通貨と通貨を交換する比率を何というか。

14
15
16 ア
イ
ウ
17
18
19 ア
イ
20
21
22
23
24
25
26
27 ア
イ
ウ
28

(29) 外国の通貨に対して円の価値が高くなることを（　　）という。

29	

(30) 円高が進むと日本企業にとって輸出は有利になるか不利になるか。

30	

(31) 企業が工場などを海外に移すことで、国内産業が衰退することを何というか。

31	

(32) 1年間の政府の収入を（　ア　）、支出を（　イ　）という。

32 ア	
イ	

(33) 税金には、所得税と法人税などの納税者と担税者が同じである（　ア　）税と、消費税や酒税などの納税者と担税者が異なる（　イ　）税がある。

33 ア	
イ	

(34) 所得税のような、所得が多い人ほど税率が高くなる課税方法を何というか。

34	

(35) 政府が歳入や歳出を通じて景気を安定させようとする政策を何というか。

35	

(36) 次の①、②の（35）について好況のときに行う政策なら好と、不況のときに行う政策なら不と、それぞれ書きなさい。
　①　公共事業を増やして企業の仕事を増やす。
　②　増税をして企業や家計の消費を減らそうとする。

36 ①	
②	

(37) 政府が資金を借りるために発行する公債のうち、国が発行する公債を（　ア　）といい、地方公共団体が発行する公債を（　イ　）という。

37 ア	
イ	

(38) けが・病気・老齢などによって生活が困難になったときに国が個人に代わって生活を保障する制度を何というか。

38	

(39) (38) のうち、人々が毎月保険料を納めることで、病気や高齢になったときに給付を受ける制度を何というか。

39	
40	

(40) (38) のうち、貧困で生活が苦しい人に生活費や教育費などを支給する制度を何というか。

41	
42	

(41) (38) のうち、障がいのある人や高齢者、子どもなど、働くことが困難な人の生活を保障し、支援する制度を何というか。

(42) (38) のうち、感染症の予防や上下水道の整備などを行う制度を何というか。

合格・社会

国際社会と日本

（1）国際連合の全加盟国が参加する年に一回の会議を何というか。

（2）5か国の常任理事国と10か国の非常任理事国からなる、国際社会の平和と安全の維持をはかる国際連合の機関を何というか。

（3）5か国の常任理事国の国名をすべて答えなさい。

（4）常任理事国は（　　）を持ち、1か国でも反対すると決議ができない。

（5）国際連合の専門機関のうち、世界の人々の健康と安全を目指して活動する機関を何というか。

（6）自衛隊がカンボジアや東ティモールなどで参加してきた、国際連合の平和維持活動の略称をアルファベット三文字で何というか。

（7）2015年の国連サミットで採択され、17の目標をかかげた「持続可能な開発目標」の略称をアルファベットで何というか。

（8）発展途上国と先進国との経済格差の問題を何というか。

（9）近年みられる、発展途上国の間の経済格差の問題を何というか。

（10）地球環境問題の解決を目指して、世界の国々が温室効果ガスの排出量の削減に取り組むため、1997年には（ア）、2015年には（イ）が採択された。

（11）公正な価格で途上国の製品を取り引きすることで、途上国の生産者を支援しようとする貿易を何というか。

（12）核保有国以外の国が核兵器を持つことを禁止する条約を何というか。

（13）途上国の経済や福祉の向上などを目的に行っている、技術協力や資金援助を何というか。

（14）国内で一定期間に生産された財やサービスの合計を何というか。

1	
2	
3	
4	
5	
6	
7	
8	
9	
10 ア	
イ	
11	
12	
13	
14	

解答は左のQRコードを読み取るか、下のURLからでも見ることができます。
https://tinyurl.com/2h3m5c2a

解 答 地 理

P1 世界の地域

（1）オーストラリア　　（2）ユーラシア　　（3）オセアニア　　（4）アジア州　　（5）西

（6）東アジア　　（7）本初子午線　　（8）ア 明石　イ 135　　（9）ア 1　イ 9

（10）日付変更

　　※（2）ユーラシア大陸はアジア州とヨーロッパ州を合わせた大陸。

　　　（9）135÷15＝9　東京はロンドンより東に位置するので9時間早い。

P2 世界の海・川・山脈・気候

（1）3：7　　（2）ア 太平洋　イ 大西洋　ウ インド洋　　（3）ア ロッキー　イ アンデス

ウ ヒマラヤ　エ アルプス　　（4）ア ナイル　イ アマゾン　ウ 長江　　（5）冷帯（亜寒帯）

（6）温帯　　（7）ア　　（8）イ　　（9）温暖湿潤　　（10）地中海性

　　※（7）砂漠気候は一年中雨がほとんど降らない。

　　　（8）西岸海洋性気候は一年を通して雨が降るが、年降水量は多くない。

　　　　ウ．夏は温暖だが、冬は寒冷なので冷帯。　　エ．一年中気温が高く降水量が多いので、熱帯雨林気候。

P3 アジア

（1）ア 漢（漢民）　イ 一人っ子　　（2）経済特区　　（3）ア キリスト　イ ヒンドゥー

ウ イスラム　　（4）ASEAN（東南アジア諸国連合）　　（5）プランテーション

（6）季節風（モンスーン）　　（7）ICT　　（8）ア 米　イ 綿花　ウ 茶　　（9）OPEC

P4 アフリカ

（1）サハラ　　（2）サバナ　　（3）ア イスラム　イ キリスト　　（4）植民　　（5）砂漠

（6）レアメタル　　（7）① 原油　② カカオ豆　③ ダイヤモンド　　（8）モノカルチャー経済

（9）アフリカ連合（AU）

P5 ヨーロッパ①

（1）ア 偏西　イ 北大西洋　　（2）イタリア　　（3）フィヨルド　　（4）国際河川

（5）キリスト　　（6）民族　　（7）ゲルマン系　　（8）ラテン系　　（9）スラブ系

　　※（2）イタリア（ローマの南）、秋田県（男鹿半島）、北京、ニューヨークも北緯40度で、ほぼ同緯度。

P6 ヨーロッパ②

（10）EU　　（11）ユーロ　　（12）パスポート　　（13）経済　　（14）オリーブ、ぶどう

（15）フランス　　（16）先端技術（ハイテク）　　（17）航空機　　（18）タイガ　　（19）パイプライン

　　※（10）イギリスは2020年1月にEUを離脱。　　（14）ジャガイモは冷涼、米は降水量の多い気候で栽培。

　　　（17）フランス、ドイツ、イギリス、スペインなどの企業が共同で生産。　　（18）ロシアの面積は世界最大

P7 北アメリカ

（1）ア プレーリー　イ アパラチア　　（2）ア 温　イ 乾燥　　（3）適地適作

（4）小麦　　（5）酪農　　（6）綿花　　（7）シリコンバレー　　（8）サンベルト

（9）ニューヨーク　　（10）ヒスパニック

※（5）牛を育てて牛乳や乳製品を作る酪農が盛んである。

合格・社会

P8 南アメリカ

（1）セルバ　　（2）パンパ　　（3）先住民　　（4）焼畑　　（5）バイオ

（6）大豆　　（7）自動車　　（8）銅鉱石　　（9）原油

※（5）バイオ燃料(バイオエタノール)は地球温暖化への対策になる燃料として注目されている。

P9 オセアニア

（1）オーストラリア　　（2）ミクロネシア　　（3）さんご　　（4）① アボリジニ　② マオリ

（5）白豪主義　　（6）羊　　（7）鉄鉱石　　（8）石炭　　（9）中国　　（10）APEC

P10～11 日本

（1）ア 択捉　イ 沖ノ鳥　ウ 南鳥　エ 与那国　　（2）ア 領空　イ 排他的経済

（3）ブラジル　　（4）ア 38　イ 47　　（5）近畿　　（6）ア 仙台市　イ 横浜市　ウ 名古屋市

（7）大陸棚　　（8）フォッサマグナ　　（9）信濃

（10）ア 対馬海流　イ 日本海流（黒潮）　ウ 千島海流（親潮）

（11）A 北方領土　B 竹島　C 尖閣諸島　　（12）果樹園　　（13）三角州

（14）① 畑　② 果樹園　③ 田　　（15）① 市役所(東京都の区役所)　② 警察署　③ 神社

（16）2 cm　　（17）ハザード（防災）　　（18）政令指定都市　　（19）つぼ　　（20）火力発電

（21）フランス　　（22）ブラジル　　（23）再生可能エネルギー　　（24）食料自給率　　（25）3

　　※（11）A は北海道東方の歯舞群島、色丹島、国後島、択捉島からなり、ロシアが占拠している。　B は島根県
　　　　に属しており、韓国が占拠している。　C は沖縄県に属しており、中国や台湾が領有権を主張している。

　　（13）三角州は水田として使われることが多い。　　（16）1 km＝100000 cm , 地図上の長さ＝$\frac{100000}{50000}$ cm

　　（20）日本は火力発電が7割を占めている。　　（22）水力発電の割合はカナダも高い。

　　（23）再生可能エネルギーの割合が高い国は、ドイツ，イタリア，スペイン，デンマークなどである。

　　（25）農・林・水産業などは第1次産業、建設・製造業などは第2次産業。

P12 九州地方

（1）カルデラ　　（2）桜島（御岳）　　（3）地熱発電　　（4）シラス　　（5）畜産

（6）促成　　（7）屋久　　（8）水俣病　　（9）さんご礁　　（10）アメリカ

（11）(例)家を大きな木や石垣で囲んでいる。屋根のかわらをしっくいで固定する。

　　※（4）シラス台地では、畜産業のほかにさつまいもの生産も盛んである。

　　（8）四日市ぜんそく・イタイイタイ病・新潟水俣病・水俣病が四大公害病。

P13 中国・四国地方

（1）季節風　　（2）山陰　　（3）瀬戸内　　（4）南四国　　（5）愛媛　　（6）なす、きゅうり

（7）ため池　　（8）瀬戸内工業地域　　（9）石油化学コンビナート　　（10）過疎　　（11）本州四国

P14 近畿地方

（1）ア 大阪　イ 和歌山　　（2）紀伊　　（3）(例)降水量が多く、樹木の生長が早いから。

（4）みかん，梅　　（5）滋賀　　（6）淀川　　（7）阪神工業地帯　　（8）中小企業

（9）ニュータウン　　（10）条例　　（11）世界(文化)遺産

　　※（3）近年は、後継者不足や高齢化、木材価格の低迷で荒れる森林が増加している。

キリトリ ✂

P15 中部地方

（1）北陸　　（2）赤石　　（3）名古屋大都市圏　　（4）山梨　　（5）レタス

（6）茶　　（7）施設園芸農業　　（8）遠洋　　（9）自動車　　（10）東海工業地域

（11）精密機械　　（12）地場

　　※（1）東海は夏から秋にかけて降水量が多く、冬は温暖。　北陸は冬の季節風の影響で雪が多い。

　　　　中央高地は1年を通して降水量が少なく、冬の寒さが厳しい。

　　　　（3）三大都市圏は、大阪大都市圏・東京大都市圏・名古屋大都市圏

P16 関東地方

（1）利根　　（2）関東ローム　　（3）ヒートアイランド　　（4）首都　　（5）東京大都市圏

（6）昼間人口　　（7）京浜工業地帯　　（8）出版業　　（9）京葉　　（10）石油化学

（11）北関東　　（12）近郊

　　※（6）都心部は地価が高いため、昼間は、郊外から都心部に通勤通学してくる人が多い。

P17 東北・北海道地方

（1）奥羽　　（2）ア 白神山地　イ 知床半島　　（3）リアス海岸　　（4）潮目（潮境）

（5）やませ　　（6）ア 青森　イ 山形　　（7）濃霧　　（8）ア 石狩　イ 十勝　ウ 根釧

（9）輪作　　（10）さつまいも　　（11）養殖（業）　　（12）エコツーリズム

　　※（11）卵からある程度まで育てた魚や貝類を、自然の海や川に放す漁業は栽培漁業。

解 答 歴 史

P18～19 文明のおこりと日本国の始まり

（1）エジプト文明　　（2）象形文字　　（3）メソポタミア文明　　（4）くさび形文字

（5）インダス文明　　（6）殷　　（7）甲骨文字　　（8）始皇帝　　（9）万里の長城

（10）シルクロード（絹の道）　　（11）ポリス　　（12）ヘレニズム　　（13）岩宿遺跡

（14）縄文時代　　（15）三内丸山遺跡　　（16）貝塚　　（17）弥生時代　　（18）高床倉庫

（19）吉野ヶ里遺跡　　（20）奴国　　（21）卑弥呼　　（22）大和政権

（23）大仙古墳（仁徳陵古墳）　　（24）渡来人

　　※（7）甲骨文字は古代中国で、亀の甲や牛の骨にうらないの結果を記した文字である。

　　　　（12）紀元前4世紀に東方遠征を行ったマケドニアの大王をアレクサンドロス大王という。

P19～20 飛鳥時代

（1）聖徳太子（厩戸皇子,厩戸王）　　（2）冠位十二階　　（3）十七条の憲法　　（4）遣隋使

（5）小野妹子　　（6）法隆寺　　（7）大化の改新　　（8）白村江の戦い　　（9）壬申の乱

（10）大宝律令

　　※（4）隋は6世紀末に中国を統一した国。　（7）中大兄皇子はのちに天智天皇、中臣鎌足はのちに藤原鎌足

　　　　になった。　（9）壬申の乱に勝利して即位したのは、天武天皇。　（10）唐は隋のあとに中国を統一した国。

P20 　奈良時代

（1）平城京　　（2）班田収授法　　（3）口分田　　（4）租　　（5）調

（6）墾田永年私財法　　（7）荘園　　（8）天平文化　　（9）正倉院

（10）国分寺・国分尼寺　　（11）ア　古事記　イ　日本書紀(ア,イは順不同)　ウ　風土記　エ　万葉集

※（4）6歳以上の男女が口分田の収穫量の約3％の稲を国や郡に納めていた。

（5）労役の代わりの布を都まで運んで納める税を庸といい、調と庸は成人男子のみに課せられた。
　農民に課された兵役のうち、3年間北九州の警備にあたるものを防人という。

P21 　平安時代

（1）桓武天皇　　（2）菅原道真　　（3）ア　摂政　イ　関白　　（4）父　藤原道長　子　頼通

（5）院政　　（6）平清盛　　（7）宋　　（8）ア　天台　イ　真言　　（9）国風文化

（10）古今和歌集　　（11）ア　源氏物語　イ　枕草子

※（4）藤原頼通は、宇治（京都）に平等院鳳凰堂を造った。

P21〜23 　鎌倉時代

（1）源頼朝　　（2）征夷大将軍　　（3）守護　　（4）地頭　　（5）御恩　　（6）奉公

（7）執権　　（8）承久の乱　　（9）六波羅探題　　（10）御成敗式目（貞永式目）

（11）元寇（蒙古襲来）　　（12）（永仁の）徳政令　　（13）後醍醐天皇　　（14）運慶

（15）平家物語　　（16）新古今和歌集　　（17）わかりやすく、実行しやすかったから。

（18）法然　　（19）浄土真宗　　（20）日蓮　　（21）禅宗

※（11）このときのモンゴル帝国の皇帝は、フビライ・ハン。
（21）栄西の宗派は臨済宗、道元の宗派は曹洞宗。

P23〜24 　室町時代

（1）建武の新政　　（2）足利尊氏　　（3）守護大名　　（4）足利義満　　（5）管領

（6）勘合　　（7）応仁の乱　　（8）戦国大名　　（9）分国法　　（10）二毛作　　（11）馬借

（12）問（問丸）　　（13）土倉，酒屋　　（14）座　　（15）惣　　（16）北山文化

（17）足利義政　　（18）書院造　　（19）雪舟　　（20）ルネサンス（文芸復興）

（21）宗教改革　　（22）コロンブス　　（23）マゼラン　　（24）種子島

（25）ザビエル（フランシスコ＝ザビエル）　　（26）南蛮貿易

※（1）建武の新政は武士の政治を批判し、貴族を重視したため、武士の不満が高まり、2年ほどでくずれた。

（6）このときの貿易を勘合貿易（日明貿易）という。

（22）1498年にアフリカ大陸南端を周り、インドに到達したのは、バスコ・ダ・ガマ。

P25 　安土桃山時代

（1）織田信長　　（2）楽市・楽座　　（3）大阪城　　（4）太閤検地（検地）　　（5）刀狩

（6）兵農分離　　（7）朝鮮　　（8）姫路城　　（9）狩野永徳　　（10）千利休

合格・社会

P25〜28　江戸時代

（1）徳川家康　　（2）外様大名　　（3）朱印船貿易　　（4）幕藩体制　　（5）武家諸法度

（6）徳川家光　　（7）島原・天草一揆　　（8）オランダ　　（9）出島　　（10）五人組

（11）備中ぐわ　　（12）朝鮮通信使　　（13）五街道　　（14）天下の台所　　（15）株仲間

（16）徳川綱吉　　（17）享保の改革　　（18）公事方御定書　　（19）目安箱　　（20）問屋制家内工業

（21）百姓一揆　　（22）打ちこわし　　（23）田沼意次　　（24）寛政の改革　　（25）寺子屋

（26）異国船打払令　　（27）大塩平八郎の乱（大塩の乱）　　（28）水野忠邦　　（29）元禄文化

（30）松尾芭蕉　　（31）近松門左衛門　　（32）浮世絵　　（33）化政文化　　（34）本居宣長

（35）解体新書　　（36）伊能忠敬　　（37）葛飾北斎　　（38）工場制手工業（マニュファクチュア）

　　※（2）徳川氏の一族の大名を親藩、古くからの徳川氏の家臣の大名を譜代大名という。

　　　（3）この許可書のことを朱印状という。

　　　(14)各藩が、米や特産品を販売するために大阪に置いた倉庫を備えた屋敷を蔵屋敷という。

　　　(21)百姓一揆の参加者は、中心人物を分からないようにし、連帯して責任をとるために円状に署名した。

P28〜29　欧米の進出

（1）名誉革命　　（2）ワシントン　　（3）人権宣言　　（4）産業革命　　（5）リンカン

（6）アヘン戦争　　（7）南京条約　　（8）インド大反乱

P29　江戸時代末期

（1）ペリー　　（2）日米和親条約　　（3）日米修好通商条約

（4）アメリカに領事裁判権を認める。　日本に関税自主権がない。　　（5）尊王攘夷運動

（6）坂本龍馬　　（7）大政奉還　　（8）徳川慶喜　　（9）王政復古の大号令　　（10）戊辰戦争

P29〜32　明治時代

（1）五箇条の御誓文　　（2）版籍奉還　　（3）廃藩置県　　（4）解放令　　（5）学制

（6）徴兵令　　（7）地租改正　　（8）富国強兵　　（9）岩倉使節団　　（10）樺太・千島交換条約

（11）屯田兵　　（12）文明開化　　（13）福沢諭吉　　（14）自由民権運動　　（15）西南戦争

（16）伊藤博文　　（17）ドイツ　　（18）教育勅語　　（19）ア　15　イ　25

（20）ノルマントン号事件　　（21）陸奥宗光　　（22）甲午農民戦争　　（23）下関条約

（24）ア　遼東　イ　台湾　　（25）三国干渉　　（26）義和団事件　　（27）日英同盟

（28）与謝野晶子　　（29）ポーツマス条約　　（30）賠償金　　（31）韓国併合　　（32）辛亥革命

（33）小村寿太郎　　（34）田中正造　　（35）夏目漱石　　（36）森鷗外　　（37）野口英世

　　※（27）日英同盟で、イギリスは日本の軍事力を利用してロシアの南下をおさえようとしたかった。

P32〜34　第一次世界大戦

（1）三国同盟　　（2）三国協商　　（3）バルカン半島　　（4）1914年　　（5）イギリス

（6）ベルサイユ条約　　（7）レーニン　　（8）シベリア出兵　　（9）二十一か条の要求

(10) 五・四運動　　（11）三・一独立運動　　（12）ワイマール憲法　　（13）ウィルソン

(14) ワシントン会議　　（15）ガンディー　　（16）原 敬　　（17）25，男子　　（18）治安維持法

(19) 全国水平社　　（20）芥川 龍 之 介　　（21）ラジオ放送

※（4）第一次世界大戦は、オーストリアの皇位継承者夫妻がサラエボでセルビア人に暗殺されたことがきっ
　　かけではじまった。また、第一次世界大戦は国民や資源を総動員し、国力を使い果たす総力戦となった。

（5）アメリカは 1917 年にイギリス・フランス・ロシアの連合国(協商国)に加わった。

（6）敗戦国ドイツに重い賠償が課せられた。

（8）1922 年に革命政府が勝利して、ソビエト社会主義共和国連邦（ソ連）が成立する。

（13）アメリカのウィルソン大統領が民族自決を提唱し、東ヨーロッパで多くの民族が独立した。

（16）米騒動は、好況による物価の上昇とシベリア出兵を見こした米の買い占めによって米価があがったこと
　　から起こった、米の安売りを求める運動のこと。

P34　昭和時代

（1）世界恐慌　　（2）ニューディール(政策)　　（3）ローズベルト(フランクリン・ローズベルト)

（4）ブロック経済　　（5）スターリン　　（6）ファシズム　　（7）ヒトラー

※（4）本国と植民地の関係を密接にして貿易を拡大し、他の国の商品に対する関税を高くする経済の仕組み。

（6）イタリアで独裁政治を行った人物はムッソリーニ、ドイツで独裁政治を行ったのはヒトラー。

P34～35　昭和（第二次世界大戦）

（1）満州事変　　（2）国際連盟　　（3）五・一五事件　　（4）二・二六事件　　（5）日中戦争

（6）国家総動員法　　（7）1939 年　　（8）ポーランド　　（9）日独伊三国同盟

（10）ア 真珠　イ 太平洋戦争　　（11）広島、長崎　　（12）ポツダム宣言

P35～36　戦後

（1）マッカーサー　　（2）ア 20，イ 男女　　（3）財閥解体　　（4）農地改革　　（5）1947 年

（6）教育基本法　　（7）国際連合　　（8）冷戦（冷たい戦争）　　（9）中華人民共和国

（10）朝鮮戦争　　（11）自衛隊　　（12）サンフランシスコ平和条約　　（13）日米安全保障条約

（14）日ソ共同宣言　　（15）高度経済成長　　（16）石油危機（オイル・ショック）

（17）日中平和友好条約　　（18）ドイツ　　（19）バブル経済

※（15）1964 年には東京オリンピック・パラリンピックが開かれ、東海道新幹線が開通した。

解 答 公 民

P37　現代社会と私たちの生活

（1）グローバル化　　（2）国際分業　　（3）AI　　（4）ア 情報リテラシー　イ 情報モラル

（5）合計特殊出 生 率　　（6）少子高齢化　　（7）ア　　（8）核家族　　（9）持続可能

（10）ア 琉 球　イ アイヌ　　（11）文化財保護法　　（12）多文化共生　　（13）家族

※（7）アは医療の進歩によって平均寿命がのびるので、高齢化が進む要因である。

P38～39　人権思想と日本国憲法

（1）人権（基本的人権）　　　（2）ア（アメリカ）独立宣言　イ（フランス）人権宣言

（3）ロック　　（4）モンテスキュー　　（5）ルソー　　（6）ワイマール憲法

（7）国民主権，平和主義，基本的人権の尊重　　（8）象徴　　（9）国事行為

（10）ア　憲法改正の発議　イ　国民投票　（11）9　（12）日米安全保障　（13）非核三原則

（14）個人の尊重　（15）法の下　（16）子ども（児童）の権利

　　※（10）各議員とは、衆議院議員と参議院議員

P39～41　基本的人権と共生社会

（1）平等　　（2）アイヌ民族支援法　　（3）男女雇用機会均等法

（4）男女共同参画社会基本法　　（5）ダイバーシティ　　（6）インクルージョン

（7）バリアフリー　　（8）ユニバーサルデザイン　　（9）障害者基本法　　（10）自由権

（11）精神　　（12）身体　　（13）経済活動　　（14）社会権　　（15）生存権

（16）教育を受ける権利　　（17）勤労の権利　　（18）団結権，団体交渉権，団体行動権

（19）参政権　　（20）請願権　　（21）請求権　　（22）裁判を受ける権利　　（23）公共の福祉

（24）（子どもに）普通教育を受けさせる義務，勤労の義務，納税の義務　　（25）環境権

（26）環境アセスメント（環境影響評価）　　（27）自己決定権

（28）インフォームド・コンセント　　（29）ア　知る権利　イ　情報公開制度

（30）プライバシーの権利　　（31）個人情報保護制度　　（32）国際人権規約　　（33）NGO

　　※（18）団結権は労働者が労働組合をつくる権利。　団体交渉権は労働組合が労働条件の改善を求めて、使用

　　　　者と交渉する権利。　団体行動権は要求の実現のために、労働組合がストライキなどを行う権利。

P41～42　現代の民主主義と政治

（1）民主主義（民主政治）　　（2）間接民主制（議会制民主主義）　　（3）18　　（4）小選挙区制

（5）比例代表制　　（6）小選挙区比例代表並立制　　（7）ア　与党　イ　野党　　（8）連立政権

（9）政権公約（マニフェスト）　　（10）世論　　（11）メディアリテラシー　　（12）一票の格差

　　※（3）現在の選挙の4原則は、一定年齢以上のすべての国民が選挙権を持つ「普通選挙」、　一人一票の

　　　　「平等選挙」、　代表者を直接選出する「直接選挙」、　投票した内容を知られない「秘密選挙」がある。

P42～44　国会・内閣・裁判所

（1）ア　国権　イ　立法　　（2）ア　4　イ　6　　（3）常会（通常国会）　　（4）内閣総理大臣

（5）衆議院の優越　　（6）①○　②○　③過半数　　（7）弾劾裁判所　　（8）閣議

（9）議院内閣制　　（10）内閣不信任　　（11）総辞職　　（12）①　内閣　②　内閣　③　国会

（13）規制緩和　　（14）下級　　（15）ア　控訴　イ　上告　ウ　三審制　　（16）司法権

（17）民事　　（18）令状　　（19）裁判員制度　　（20）国民審査　　（21）違憲審査制

※（2）

	衆議院	参議院
議員定数	465 人	248 人
選挙権	18 歳以上	18 歳以上
被選挙権	25 歳以上	30 歳以上
解散	ある	ない

（3）

常会	毎年1月中に召集される。
臨時会	必要に応じて召集される。
特別会	衆議院の解散、総選挙後に召集される。
参議院の緊急集会	衆議院の解散中、緊急の必要があるとき、内閣が召集する。

（9）アメリカでは大統領制がとられており、国民は議会の議員と大統領を別々に選挙する。

（14）下級裁判所は、高等裁判所、地方裁判所、家庭裁判所、簡易裁判所の4種類。

（21）最高裁判所は、法律などが合憲か違憲かの最終決定権を持つので、「憲法の番人」とよばれる。

P44　地方自治

（1）地方公共団体（地方自治体）　（2）地方自治　（3）民主主義の学校　（4）地方分権

（5）知事 30歳以上　市町村長 25歳以上　（6）条例　（7）直接請求権　（8）ア $\frac{1}{3}$　イ $\frac{1}{50}$

（9）地方交付税交付金　（10）国庫支出金　（11）依存財源　（12）NPO

P45〜47　経済・金融・福祉

（1）ア 財　イ サービス　（2）ア 消費支出　イ 貯蓄　（3）クーリング・オフ

（4）製造物責任法（PL法）　（5）消費者契約法　（6）消費者基本　（7）流通

（8）資本主義経済　（9）ベンチャー企業　（10）ア 株式会社　イ 株主　ウ 配当　エ 株主総会

（11）社会的責任　（12）労働基準法　（13）ワーク・ライフ・バランス

（14）非正規労働者（非正社員）　（15）市場経済　（16）ア 需要量　イ 供給量　ウ 均衡価格

（17）独占　（18）寡占　（19）ア 独占禁止法　イ 公正取引委員会　（20）公共料金

（21）金融　（22）間接　（23）日本銀行　（24）インフレーション　（25）デフレーション

（26）金融政策　（27）ア 買う　イ 売る　ウ 公開市場操作（オペレーション）

（28）為替相場（為替レート）　（29）円高　（30）不利になる。　（31）産業の空洞化

（32）ア 歳入　イ 歳出　（33）ア 直接　イ 間接　（34）累進課税　（35）財政政策

（36）① 不　② 好　（37）ア 国債　イ 地方債　（38）社会保障制度　（39）社会保険

（40）公的扶助　（41）社会福祉　（42）公衆衛生

※（16）消費者が買おうとする量が、生産者が売ろうとする量を上回っていると価格は上昇する。

また、ある商品の価格が上がると、消費者がその商品を買いたい思う量は減る。

（30）円高になると日本の輸出企業にとっては不利になるが、輸入企業には有利になる。

（39）少子高齢化に対応する社会保険として、40歳以上の人に加入が義務付けられている介護保険制度と

75歳以上の高齢者が加入する後期高齢者医療制度が導入された。

P48　国際社会と日本

（1）総会　（2）安全保障理事会　（3）アメリカ，イギリス，中国，フランス，ロシア連邦

（4）拒否権　（5）WHO（世界保健機関）　（6）PKO　（7）SDGs　（8）南北問題

（9）南南問題　（10）ア 京都議定書　イ パリ協定　（11）フェアトレード（公正貿易）

（12）核拡散防止条約（NPT）　（13）政府開発援助（ODA）　（14）国内総生産（GDP）

全国の書店のほか、アマゾン・楽天でもご購入頂けます。

令和7年度　高校入試　合格できる問題集ラインナップ

「合格できる問題集」は、勉強が苦手な生徒のために、塾講師が作った問題集です。通知表2、3の人でも挫折せずにやり通せて、高校入試に必要な基礎を無理なく学べるように、さまざまな工夫をしています。

好評発売中

勉強がとても苦手な人でも、1から基礎を学べるように作られた問題集です。

「合格できる 中学攻略本」シリーズ（4商品）　難易度 1 2 3 4 5
（英語文法編 / 単語・熟語編 / 数学計算編 / 漢字・語句編）

授業につまずいてしまった人でも1、2年の内容を復習できる、やさしくわかりやすい復習問題集です。

「やさしく復習」シリーズ（4商品）　難易度 1 2 3 4 5
（中学1年 数学・英語・国語 ／ 中学2年 数学・英語・国語 ／ 中学 地理・歴史 ／ 中学1・2年 理科）

1、2年で学習した内容を、テスト形式で確認できます。

合格できる 入試練習 中1～中2年編　難易度 1 2 3 4 5
（テスト2回分/無料リスニング音声付き）

英語が苦手でもやさしくリスニング・長文対策ができます。

合格できる 英語リスニング・長文編　難易度 1 2 3 4 5
（無料リスニング音声付き）

好評発売中

やさしい問題を解きながら教科書の内容を理解できる、定番の高校入試問題集です。

「合格できる」 英語/数学/国語/社会/理科　難易度 1 2 3 4 5

入試頻出の要点をテスト形式で確認できます。

合格できる 入試練習 中1～中3年編　難易度 1 2 3 4 5
（テスト2回分/無料リスニング音声付き）

3年間の基本の確認に最適な、1ページ5問の小テスト集です。

合格できる 5問集 数学・英語　難易度 1 2 3 4 5

12月発売予定

入試本番で1点でも多く取るために、入試に出やすく、かつ点を取りやすい問題を集めました。

「合格できる 直前編」シリーズ（2商品）　難易度 1 2 3 4 5
（合格できる 直前編 数学・英語・国語 ／ 合格できる 直前編 社会・理科）

入試に出題される「作文・小論文」を、文章を書くことが苦手な人でも書けるようになる問題集です。

合格できる 作文・小論文編　難易度 1 2 3 4 5

アンケート大募集

より良い問題集を作り、一人でも多くの受験生を合格に導くために、
みなさんのご意見・ご感想を聞かせてください。

http://www.goukaku-dekiru.com/opinionair

合格できる問題集 アンケート　　検索

埼玉県　令和7年　高校入試

合格できる　社会

定価　693円（本体630円＋税 10%）
製作・発行／熊本ネット株式会社
　　　　　〒860-0834 熊本市南区江越2丁目7番5号
　　　　　TEL 096-370-0771（代）
　　　　　FAX 096-370-0348
お問い合わせ／ホームページ　https//www.goukaku-dekiru.com
　　　　　メールアドレス　goukakudekiru@kumamoto-net.com

◎ 無断転載、複製を禁じます。
◎ 本紙は決して合格を保証するものではございません。
◎ 内容に関しての質問等は、封書・FAX・メールにて承ります。

客注
書店CD：187280　　　27
コメント：6037

受注日付：241202
受注No：111626
ISBN：9784815329518
　　　　1／1
　　　12　　　　ココからはがして下さい

ISBN978-4-8153-2951-8
C6037 ¥630E

定価 693円
（本体 630円＋税 10%）

9784815329518

1926037006305